Introducció a .NET

Introducció a .NET

Jordi Ceballos Villach
David Gañán Jiménez

Jordi Conesa Caralt
Àngels Rius Gavidia (coords.)

Aquesta obra ha comptat amb el suport de la Generalitat de Catalunya.

Disseny de la col·lecció: Editorial UOC

Primera edició en llengua catalana: novembre 2011

Rambla del Poblenou 156, 08018 Barcelona www.editorialuoc.cat

Realització editorial: Anglofort, SA
Impressió: Book-print, SL

ISBN: 978-84-9788-466-2
Dipòsit legal B.

Autors

Jordi Ceballos Villach
Enginyer superior en Informàtica per la Universitat Autònoma de Barcelona l'any 1998. En l'àmbit docent ha impartit classes a la Universitat Politècnica de Catalunya (UPC), a l'EUNCET i a la Universitat Oberta de Catalunya (UOC). Actualment dirigeix projectes de final de carrera i és consultor del màster de .NET a la UOC. En l'àmbit professional, durant sis anys va ser cap de projectes a l'empresa CAST-INFO i posteriorment va treballar uns quants anys com a *freelance*. Actualment és director del Departament de Solucions Software en l'empresa GRUPO ICA (Informàtica i Comunicacions Avançades), especialitzats en desenvolupaments RIA (*Rich Internet Applications*) i aplicacions en l'àmbit de la mobilitat.

David Gañán Jiménez
Enginyer superior en Informàtica per la UPC, especialitzat en enginyeria del programari i bases de dades. És Microsoft Certified Professional Developer (MCPD) en WinForms i Microsoft Certified Technology Specialist (MCTS) en ASP.NET, WPF i Mobile. A part de la seva col·laboració docent a la UOC, treballa com a *freelance* en diferents empreses de desenvolupament de programari amb tecnologies .NET.

Coordinadors

Jordi Conesa Caralt
Doctor enginyer per la Universitat Politècnica de Catalunya des de 2008. Vinculat al món universitari des del 2001. Des del 2008 exerceix de professor a la Universitat Oberta de Catalunya, concretament en els estudis d'Informàtica, Multimèdia i Telecomunicació. Actualment imparteix docència en assignatures de bases de dades, treballs de final de carrera i és el director acadèmic del màster de Business Intelligence. Els seus interessos de recerca pertanyen als àmbits del modelatge conceptual, les ontologies i el web semàntic. Professionalment, abans de la seva vida laboral a la Universitat, va treballar com a programador, analista i cap de projectes d'aplicacions web.

Àngels Rius Gavidia
Llicenciada en Informàtica el 1990 per la Universitat Politècnica de Catalunya (UPC). Ha exercit com a analista programadora en la multinacional de serveis GSI-Tecsidel, SA i com a consultora del Grup Assegurador "la Caixa" IAE. Compagina des de 1996 la seva activitat principal amb la docència presencial com a professora associada a l'Escola Politècnica Superior d'Enginyeria de Vilanova i la Geltrú (UPC). És professora en els estudis d'Informàtica, Multimèdia i Telecomunicació de la Universitat Oberta de Catalunya (UOC) des de 2001 i directora acadèmica del màster Tecnologies per al desenvolupament d'aplicacions de Microsoft .NET des de 2004. En l'àmbit docent, les bases de dades constitueixen el seu camp d'interès, mentre que en el pla de la recerca li interessa l'*e-learning* en el vessant més tecnològic, concretament l'automatització d'escenes educatives.

Agraïments

Vull agrair a Jordi Conesa el seu entusiasme per fer que aquest llibre sigui una realitat, i a Àngels Rius i David Gañán per la gran feina que han fet en el màster .NET de la UOC. Gràcies a Jordi Sánchez i a David Feurle per les seves revisions i, finalment, dedicar aquest llibre a la Susana pel seu suport i la seva comprensió durant tantes llargues hores de treball.

JORDI CEBALLOS

Als meus pares, pel seu inestimable suport que m'ajuda a seguir endavant.

Gràcies a en Josep Prieto, perquè m'ha donat la possibilitat de participar en el master .NET, i a Àngels Rius, Jordi Conesa i Jordi Ceballos pel seu suport i els seus consells durant la preparació dels materials i la realització de la docència del màster i dels projectes de finalització de carrera en .NET.

Finalment un record especial per a Jaume Sistac, de qui he tingut la sort d'aprendre tantes coses.

DAVID GAÑÁN

Índex

Introducció

La plataforma .NET de Microsoft és actualment una de les principals plataformes de desenvolupament d'aplicacions, tant d'escriptori, com per a entorns web o dispositius mòbils.

Aquest manual pretén donar una visió general de .NET, i del conjunt de tecnologies que hi ha al seu al voltant, com ADO.NET, WinForms, ASP.NET, WPF, WCF, etc., amb l'objectiu d'oferir una visió general de la plataforma i donar a conèixer les possibilitats que ofereix.

Tots els exemples i captures de pantalla d'aquest manual estan obtinguts de Visual Studio 2008, que és la versió disponible de l'IDE de Microsoft en el moment de redactar aquest manual.

Capítol I

La plataforma .NET

En aquest capítol s'introdueix la plataforma .NET, la seva arquitectura general, i els productes i les tecnologies que el componen.

1. Introducció

L'any 2000 Microsoft va presentar la plataforma[1] .NET, amb l'objectiu de fer front a les noves tendències de la indústria del programari i a la dura competència de la plataforma Java de Sun.

.NET és una plataforma per al desenvolupament d'aplicacions, que integra múltiples tecnologies que han anat apareixent els últims anys, com ASP.NET, ADO.NET, LINQ, WPF, Silverlight, etc., juntament amb el potent entorn integrat de desenvolupament Visual Studio, que permet desenvolupar múltiples tipus d'aplicacions, com per exemple les següents:

- Aplicacions de MS-DOS (línia d'ordres).
- Serveis de Windows.
- Aplicacions d'escriptori amb Windows Forms o WPF.
- Aplicacions web amb el Framework[2] ASP.NET, o Silverlight.
- Aplicacions distribuïdes SOA mitjançant serveis web.
- Aplicacions per a dispositius mòbils amb Windows Mobile.

1. Una plataforma és un conjunt de tecnologies, juntament amb un entorn integrat de desenvolupament (IDE), que permeten desenvolupar aplicacions.
2. Un *framework* és un conjunt de llibreries, compiladors, llenguatges, etc. que faciliten el desenvolupament d'aplicacions per a una certa plataforma.

Microsoft només ofereix suport .NET per a sistemes operatius Windows i les noves generacions de dispositius mòbils. Respecte a la resta de plataformes, el projecte Mono[3] (dut a terme per l'empresa Novell) ha creat una implementació de codi obert de .NET, que actualment ofereix suport complet per a Linux i Windows, i suport parcial per a altres sistemes operatius, com per exemple MacOS.

Els elements principals de la plataforma .NET són:

- .NET Framework és el nucli de la plataforma, i ofereix la infraestructura necessària per desenvolupar i executar aplicacions .NET.
- Visual Studio i Microsoft Expression conformen l'entorn de desenvolupament de Microsoft, que permet desenvolupar qualsevol tipus d'aplicació .NET (ja sigui d'escriptori, web, per a dispositius mòbils, etc.). En Visual Studio el programador pot triar indistintament entre diversos llenguatges, com C# o Visual Basic .NET, i en tots es pot fer exactament el mateix; per tant, sovint l'elecció té a veure simplement amb les preferències[4] personals de cada programador.

Avantatges i inconvenients de .NET

Els principals avantatges de .NET són els següents:

- Fàcil desenvolupament d'aplicacions. En comparació amb l'API Win32 o les MFC, les classes del .NET Framework són més senzilles i completes.
- Millora de la infraestructura de components. La infraestructura de components anterior, llançada el 1993 (components COM) tenia alguns inconvenients (s'havien d'identificar de manera única, era necessari registrar-los, etc.).
- Suport de múltiples llenguatges. .NET no solament ofereix in-

3. Més informació en www.mono-project.com
4. A causa de la similitud entre llenguatges, sovint els programadors amb experiència Java trien programar en C#, mentre que els programadors Visual Basic es decanten majoritàriament per Visual Basic .NET.

dependència del llenguatge (ja ho oferia COM), sinó també integració entre llenguatges. Per exemple, podem crear una classe derivada d'una altra, independentment del llenguatge en què aquesta hagi estat desenvolupada. Els llenguatges més utilitzats per la plataforma .NET són C# i Visual Basic .NET, encara que n'hi ha molts altres.[5]

- Desplegament senzill d'aplicacions. .NET torna a les instal·lacions d'impacte zero sobre el sistema, on només cal copiar una carpeta amb els arxius de l'aplicació per «instal·lar-la». Encara que segueix sent possible, la majoria d'aplicacions .NET no fan ús del registre de Windows, i desen la seva configuració en arxius XML.
- Solució a l'infern de les DLL:[6] Permet tenir diferents versions d'una DLL al mateix temps, i cada aplicació carrega exactament la versió que necessita.

Com a desavantatges de .NET podem destacar els següents:

- Reduït suport multiplataforma: Microsoft només ofereix suport per a entorns Windows. El projecte Mono,[7] liderat per Miguel de Icaza, ha portat .NET a altres plataformes com Linux o Mac US X, però el seu suport és limitat.
- Rendiment baix: A causa que el codi .NET és en part interpretat, el rendiment és menor en comparació amb altres entorns com C/C^{++}, que són purament compilats. De fet, per ser precisos, el codi .NET és en primer lloc compilat per Visual Studio durant el desenvolupament, i posteriorment interpretat pel Common Language Runtime en el moment de la seva execució.

5. Hi ha una multitud de llenguatges addicionals, com per exemple C^{++}, F#, Cobol, Eiffel, Perl, PHP, Python o Ruby.
6. 'DLL Hell' va ser durant anys un greu problema de Windows, ja que no permetia tenir al mateix temps diferents versions d'una mateixa DLL, i això provocava que certs programes no funcionessin, perquè requerien una versió concreta de DLL.
7. Consulteu la pàgina http://www.mono-project.com

- Descompilació: Com passa amb Java, les aplicacions .NET contenen la informació necessària que permetria a un *hacker* recuperar el codi font del programa a partir dels fitxers compilats.[8] Per evitar-ho, podem aplicar tècniques d'ofuscació sobre el codi font, de manera que el seu comportament continua sent el mateix, però, com que el codi està ofuscat, compliquem la reenginyeria inversa de l'aplicació.

Evolució de .NET

Des de l'aparició de la primera versió estable de .NET el 2002, Microsoft ha continuat afegint funcionalitats a la plataforma i millorant les seves eines de desenvolupament.

A continuació veurem les diferents versions de .NET existents:

.NET Framework 1.0

La primera versió del .NET Framework va aparèixer el 2002, juntament amb Visual Studio .NET 2002, el nou entorn de desenvolupament de Microsoft.

.NET Framework 1.1

La versió 1.1 apareix el 2003, juntament amb Visual Studio .NET 2003 i el sistema operatiu Windows Server 2003. Per primera vegada apareix .NET Compact Framework, que és una versió reduïda del .NET Framework, dissenyada per a la seva execució en dispositius mòbils.

.NET Framework 2.0

Apareix el 2005, juntament amb Visual Studio 2005 (la paraula .NET desapareix del nom del producte) i SQL Server 2005 (la nova versió del motor de bases de dades de Microsoft, després de cinc anys). Aquesta versió inclou canvis substancials en els llenguatges .NET, com ara els tipus genèrics o els tipus abstractes. També apareix una segona versió del .NET Compact Framework.

---

8. Consulteu el descompilador Salamander de RemoteSoft.

.NET Framework 3.0

Apareix el 2006, juntament amb Windows Vista. La gran novetat en aquesta versió són les tecnologies següents:

- Windows Presentation Foundation (WPF): Per al desenvolupament d'interfícies gràfiques avançades, amb gràfics 3D, vídeo, àudio, etc.
- Windows Communication Foundation (WCF): Per al desenvolupament d'aplicacions SOA orientades a serveis.
- Windows Workflow Foundation (WWF): Facilita la creació de fluxos de treball que es poden executar des d'una aplicació.
- Windows CardSpace: Permet emmagatzemar la identitat digital d'una persona i la seva posterior identificació.

.NET Framework 3.5

Apareix a la fi de 2007, juntament amb Visual Studio 2008, SQL Server 2008 i Windows Server 2008. Aquesta nova versió hi afegeix LINQ per a l'accés a bases de dades, i múltiples novetats en l'entorn de desenvolupament (JavaScript Intellisense, possibilitat de desenvolupar per a diferents versions del .NET Framework, etc.).

2. Visual Studio

Microsoft Visual Studio és un entorn integrat de desenvolupament (IDE) compartit i únic per a tots els llenguatges .NET. L'entorn proporciona accés a totes les funcionalitats del .NET Framework, i a moltes altres funcionalitats que fan que el desenvolupament d'aplicacions sigui més àgil.

Evolució de Visual Studio

Visual Studio no és un producte nou, ja existia abans de l'aparició de .NET, per desenvolupar aplicacions mitjançant les tecnologies anteriors. Hi havia diferents versions del producte per a cadascun dels llenguatges, bàsicament C++, Visual Basic i J#, a part de la versió completa que donava suport a tots ells en el mateix entorn de treball. L'última versió abans de l'aparició de .NET és la 6.0.

El 2002, amb l'aparició de la versió 1.0 de .NET, es va canviar el nom del producte per Visual Studio .NET 2002, encara que internament aquesta versió corresponia a la versió 7.0.

El 2005 va aparèixer la versió Visual Studio 2005 (8.0), ja sense la paraula .NET en el nom del producte. Aquesta versió, a part de proporcionar les noves funcionalitats de la versió 2.0 del .NET Framework, s'integra amb el servidor de bases de dades SQL Server 2005, que va aparèixer al mateix temps.

El 2008 va aparèixer Visual Studio 2008 (9.0), amb les novetats de la versió 3.5 del .NET Framework, i integrada amb SQL Server 2008.

Edicions de Visual Studio

Visual Studio 2008 es presenta en diferents edicions:

- Edició Express: Edició amb funcionalitats limitades, dissenyada per a desenvolupadors principiants. Es pot baixar i utilitzar gratuïtament, sempre que no sigui amb finalitats lucratives. Hi ha versions express de C#, Visual Basic .NET, C++.NET, Web Developer i SQL Server.
- Edició Standard: Permet desenvolupar aplicacions Windows o ASP.NET en qualsevol dels llenguatges de .NET.
- Edició Professional: Edició pensada per a desenvolupadors professionals. Permet desenvolupar aplicacions per a dispositius mòbils, i aplicacions basades en Microsoft Office.
- Edició Team System: Recomanada per a empreses amb equips de treball, i consta de diverses versions específiques per a cadascuna de les funcions dins d'un equip de desenvolupament: arquitecte, desenvolupador, *tester*, etc. El producte Visual Studio Team Suite és una versió especial que incorpora totes les funcionalitats dels productes Team System.

3. Arquitectura de .NET

El Common Language Runtime (CLR) és l'entorn d'execució de .NET, que inclou una màquina virtual, anàloga en molts aspectes a la màquina virtual de Java. El CLR s'encarrega d'oferir l'entorn on s'executen les aplicacions .NET i, per tant, s'encarrega d'activar els objectes, d'executar-los, de gestionar la memòria, de fer comprovacions de seguretat, etc.

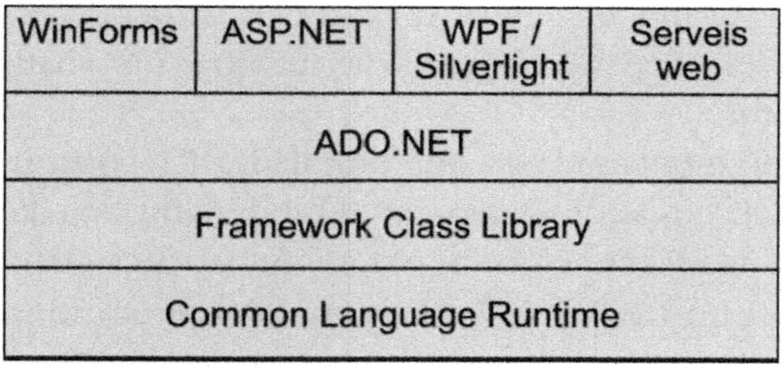

Figura 1. Arquitectura de .NET

Per sobre del CLR se situa la Framework Class Library, que amb més de 4.000 classes és una de les biblioteques de classes més gran que hi ha avui en dia. En el nivell següent estan les classes que permeten l'accés a dades per mitjà d'ADO.NET. I en l'última capa estan les tecnologies per a la creació d'aplicacions, que són les següents:

- Win Forms. Desenvolupament d'aplicacions d'escriptori.
- ASP.NET. Desenvolupament d'aplicacions web. És l'evolució d'ASP.
- WPF. Nova tecnologia per al desenvolupament d'aplicacions d'escriptori.
- Silverlight. Subconjunt de WPF destinat al desenvolupament d'aplicacions web. És una tecnologia similar a Flash d'Adobe.
- Serveis web. Desenvolupament d'aplicacions distribuïdes.

Compilació i MSIL

En compilar una aplicació .NET obtenim arxius amb extensió EXE o DLL, però no hem de confondre'ns i pensar que contenen codi màquina, sinó el codi intermedi MSIL.[9] L'objectiu de MSIL és el mateix que els *bytecodes* de Java, sense problemes en qualsevol sistema que disposi de l'intèrpret corresponent, és a dir, disposar d'un codi intermedi universal (no lligat a cap processador), que pugui ser executat.

La compilació Just in Time fa referència a la compilació del codi intermedi MSIL, que té lloc en temps d'execució. Es denomina «Just in Time» (just a temps) perquè compila les funcions just abans que aquestes s'executin.

En .NET, l'execució està basada en un compilador JIT («Just in Time») que a partir del codi MSIL va generant el codi natiu sota demanda, és a dir, compila les funcions a mesura que es necessiten. Com que una mateixa funció pot ser cridada en diverses ocasions, el compilador JIT, per tal de ser més eficient, emmagatzema el codi natiu de les funcions que ja ha compilat anteriorment.

Assemblatge

Un ensamblat (*assembly* en anglès) és la unitat mínima d'empaquetatge de les aplicacions .NET, és a dir, una aplicació .NET es compon d'un o més ensamblats, que acaben sent arxius .DLL o .EXE.

Els ensamblats poden ser privats o públics. Si són privats, els utilitza únicament una aplicació i s'emmagatzemen en el mateix directori que l'aplicació. En canvi, els públics s'instal·len en un directori comú d'ensamblats anomenat Global Assembly Cache o GAC, i són accessibles per a qualsevol aplicació .NET instal·lada en la màquina.

A part del codi MSIL, un ensamblat pot contenir recursos utilitzats per l'aplicació (com imatges o sons), i diverses metadades que descriuen les classes definides en el mòdul, els seus mètodes, etc.

9. De l'anglès, Microsoft Intermediate Language.

Capítol II

El llenguatge C#

Encara que la plataforma .NET permet programar amb múltiples llenguatges, hem seleccionat C# perquè és un dels més representatius i utilitzats de .NET. En aquest capítol es presenta una introducció a la sintaxi del llenguatge C# que, tal com es podrà observar, presenta moltes similituds amb llenguatges com C++ i Java.

1. Introducció

La millor manera de començar a aprendre un llenguatge de programació nou sol ser analitzant algun exemple de codi senzill. Per no trencar la tradició, comencem amb el típic *HolaMon*:

```
namespace HolaMon
{
  class HolaMon
  {
    static void Main(string[] args)
    {
      Console.WriteLine ("Hola Món");
    }
  }
}
```

Analitzem els elements del programa anterior:

- Definició de l'espai de noms (*namespace*): Totes les classes estan incloses dins d'un espai de noms concret, que s'indica dins del codi font mitjançant la instrucció *namespace*
- Definició de la classe: La forma de definir una classe és amb la paraula clau *class*, seguida del nom que volem donar a la classe, i tots els elements i instruccions que pertanyen a la definició de la classe entre claus. Cal destacar que en C# tot són classes, i per tant totes les línies de codi han d'estar associades a alguna classe.
- El mètode *main*: Punt d'entrada a l'aplicació, per on comença la seva execució. Pot rebre un *array* anomenat *args*, que conté els paràmetres passats a l'executable en llançar-ne l'execució.

Els tipus de dades de C# es divideixen en dues categories:

Tipus valor

Són els tipus primitius del llenguatge: enters, reals, caràcters, etc. Els tipus valor més usuals són:

Tipus	Descripció
short	Enter amb signe de 16 bits
int	Enter amb signe de 32 bits
long	Enter amb signe de 64 bits
float	Valor real de precisió simple
double	Valor real de precisió doble
char	Caràcter Unicode
bool	Valor booleà (*true/false*)

Tipus referència

Els tipus referència ens permeten accedir als objectes (classes, interfícies, *arrays*, *strings*, etc.). Els objectes s'emmagatzemen en la memòria *heap* del sistema i hi accedim a través d'una referència (un punter). Aquests tipus tenen un rendiment menor que els tipus valor, ja que l'accés als objectes requereix un accés addicional a la memòria *heap*.

2. Sintaxi de C#

La sintaxi d'un llenguatge és la definició de les paraules clau, els elements i les combinacions vàlides en aquest llenguatge. A continuació descrivim de manera resumida la sintaxi de C#:

Case sensitive

C# és un llenguatge *case sensitive*, és a dir, que diferencia entre majúscules i minúscules. Per exemple, si escrivim *Class* en lloc de *class*, el compilador donarà un error de sintaxi.

Declaració de variables

En C# totes les variables s'han de declarar abans de ser utilitzades, i s'aconsella assignar-los sempre un valor inicial:

```
int prova = 23;
float valor1 = 2.5, valor2 = 25.0;
```

Constants

Una constant és una variable el valor de la qual no es pot modificar, és a dir, que és de només lectura. Es declaren amb la paraula clau *const*:

```
const int i = 4;
```

Arrays

Un *array* permet emmagatzemar un conjunt de dades d'un mateix tipus, als quals accedim segons la seva posició en l'*array*. En la línia següent declarem un *array* que emmagatzema 5 enters, i desem un primer valor:

```
int[] elMeuArray = new int[5];
elMeuArray[0] = 10;
```

Comentaris

Els comentaris són imprescindibles si pretenem escriure codi de qualitat.[10] En C# hi ha tres tipus de comentaris:

Comentaris	
D'una sola línia	`// Exemple de comentari`
De múltiples línies	`/* ... */` Qualsevol caràcter entre el símbol /* i el símbol */ és considerat com part del comentari, encara que abasti diverses línies.
Comentaris XML	`///`

Incorporem *tags* XML documentant el codi, i així després podem generar un arxiu XML amb tota la documentació del codi:

```
/// <summary> Breu descripció d'una classe</summary>
///<remarks> Exemple d'ús de la classe</remarks>
public class LaMevaClasse() { ... }
```

Una vegada tenim el codi comentat amb *tags* XML, podem generar una sortida elegant en format HTML o CHM amb l'eina SandCastle de Microsoft. Més informació en l'enllaç següent:

10. Recomanem la lectura del llibre *Code Complete* de Steve McConnell, una excel·lent guia per escriure codi de qualitat. Conté un interessant capítol dedicat als comentaris.

http://elegantcode.com/2008/04/01/inline-xml-codedocumentation-using-sandcastle

Visibilitat

Podem restringir l'accés a les dades i als mètodes de les nostres classes, indicant un dels modificadors d'accés següents:

- public: Sense restriccions.
- private: Accessible només des de la pròpia classe.
- protected: Accessible des de la pròpia classe, i des de classes derivades.
- internal: Accessible des del propi assemblatge.

Exemple:

```
class Prova {
  public int quantitat;
  private bool visible;
}
```

Operadors

En C# podem fer ús dels operadors següents:

Operadors	
Aritmètics	+, –, *, /, % (mòdul)
Lògics	& (AND bit a bit), | (OR bit a bit), ~ (NOT bit a bit)
	&& (AND lògic), || (OR lògic), ! (NOT lògic)
Concatenació de cadenes de caràcters	+
Increment/decrement	++, —
Comparació	==, != (diferent), <, >, <=, >=
Assignació	=, +=, –=, *=, /=, %=, &=, |=, <<=, >>= Les combinacions += –=, *=, etc. permeten assignar a una variable el resultat de dur a terme l'operació indicada. Exemple: *x* += 3 equival a *x* = *x* +3

Enumeracions

Una enumeració és una estructura de dades que permet definir una llista de constants i assignar-hi un nom. A continuació mostrem una enumeració per als dies de la setmana:

```
enum DiaSetmana
{
Dilluns, Dimarts, Dimecres, Dijous, Divendres, Dissabte,
Diumenge
}
```

D'aquesta manera el codi és molt més llegible, ja que en comptes d'utilitzar un enter de l'1 al 7 per representar el dia, s'utilitza una constant i un tipus específic de dades per al dia de la setmana, i així s'eviten problemes addicionals, com per exemple controlar que el valor d'una variable que representi el dia se situï entre 1 i 7.

Estructures

Una estructura conté diversos elements que poden ser de diferents tipus de dades:

```
struct Punt
{
  int x;
  int Y;
  bool visible;
}
```

Les estructures es declaren igual que qualsevol tipus per valor:

```
Punt p;
p.x = 0;
p.y = 0;
```

Control de flux

El llenguatge C# incorpora les sentències de control de flux següents:

if

Sentència condicional. Un exemple típic seria el següent:

```
if (x <= 10)
{
   // Sentències per executar si la condició és certa
}
else
{
   // Sentències per ejecutar si la condició és falsa
}
```

switch

La instrucció *switch* és una forma específica d'instrucció condicional, en la qual s'avalua una variable, i en funció del seu valor s'executa un bloc o un altre d'instruccions. Exemple:

```
switch (var)
{
   case 1: // Sentències per executar si var és 1
           break;

   case 2: // Sentències per executar si var és 2
           break;
   ...

   default: // Sentències per executar
```

```
            // en cas que cap de les
            // condicions "case" es compleixin
            break;
}
```

for

Permet executar un bloc de codi un cert nombre de vegades. L'exemple següent executa el bloc d'instruccions 10 vegades:

```
for (int i = 0; i < 10; i++)
{
  // Sentències per executar
}
```

while

L'exemple següent és equivalent a l'anterior del *for*:

```
int i = 0;
while (i < 10)
{
     // Sentències per executar
     i++;
}
```

do-while

Igual que l'anterior, excepte que la condició s'avalua al final. La diferència fonamental és que, mentre que en un bucle *for* o *while*, si la condició és falsa d'entrada, no s'executa cap iteració, en un bucle *do-while* sempre s'executa com a mínim una iteració.

```
do
{
  // Sentències per executar
}
while (condició);
```

foreach

Permet recórrer tots els elements d'una col·lecció des del primer a l'últim. La sintaxi és la següent:

```
foreach (tipus nom_variable in col·lecció)
{
  // Sentències per executar
}
```

Un exemple de col·lecció són els *arrays*:

```
int [] nums = new int [] { 4,2,5,7,3,7,8 };
foreach (int i in nums)
{
  Console.WriteLine (i);
}
```

Pas de paràmetres

En C# el pas de paràmetres a una funció es pot fer per valor, per referència, o pot ser un paràmetre de sortida.

Pas de paràmetres per valor

En primer lloc, recordem que els tipus de dades que passem com a paràmetre poden ser tipus valor (tipus primitius) o tipus referència (objectes), ja que analitzarem tos dos casos separadament.

Quan passem un tipus valor com a paràmetre a una funció, aquest es passa per valor, és a dir, es copia el valor de la variable al mètode, en la variable local representada pel paràmetre. D'aquesta manera, si es modifica el valor de les variables dels paràmetres, no es modifica el valor de les variables que es van passar inicialment com a paràmetre. En l'exemple següent, una vegada executat el mètode PasDeParametres, la variable *a* continuarà valent 0.

```
static void PasDeParametres (int param)
{
  param = 5;
}
static void Main(string[] args)
{
  int a = 0;
  PasDeParametres(a);
}
```

L'*string* és una excepció, ja que en passar un *string* com a paràmetre es copia la cadena, és a dir, es comporta com un tipus valor.

En el cas dels tipus referència, quan es passen com a paràmetre a una funció, el que es passa realment és la seva adreça de memòria. Per tant, en accedir al paràmetre dins del mètode, es modifica la variable original. No obstant això, el que no es pot fer és canviar l'adreça de memòria a la qual apunta la variable original.

En l'exemple següent, una vegada executat el mètode PasDeParametres, la posició 0 del vector *a* passa a tenir valor 5, i encara que en la funció se li assigna un nou *array* amb valors negatius, això no té cap rellevància en sortir de la funció.

```
static void PasDeParametres (int[] param)
{
param[0] = 5;
param = new int[4] { -1, -2, -3, -4};
}
```

```
static void Main(string[] args)
{
int[] a = { 0, 1, 2, 3 }; PasDeParametres(a);
}
```

Pas de paràmetres per referència

El pas de paràmetres per referència l'analitzarem primer amb tipus valor, i a continuació amb tipus referència.

Per passar un tipus valor com a paràmetre per referència a una funció, ho indiquem amb la paraula clau *ref*. En aquest cas, la funció rep l'adreça de memòria de la variable, i per tant, si la modifica, el canvi té lloc també en la variable original. En l'exemple següent, una vegada executat el mètode PasDeParametres, la variable *a* passa a valer 5.

```
static void PasDeParametres(ref int param)
{
  param = 5;
}
static void Main(string[] args)
{
  int a = 0;
  PasDeParametres(ref a);
}
```

Per passar un tipus referència com a paràmetre per referència a una funció, ho indiquem amb la paraula clau *ref*. En aquest cas, la funció rep l'adreça de memòria on està emmagatzemada la variable original, amb la qual cosa podem tant modificar els valors de la variable original com fer que la variable original acabi apuntant a una adreça diferent.

En l'exemple següent, una vegada executat el mètode PasDeParametres, la posició 0 del vector *a* passa a tenir valor –1, ja que realment hem fet que apunti a l'adreça de memòria del nou *array*.

```
static void PasDeParametres(ref int[] param)
{
  param[0] = 5;
  param = new int[4] { -1, -2, -3, -4 };
}
static void Main(string[] args)
{
  int[] a = { 0, 1, 2, 3 };
  PasDeParametres(ref a);
  Console.WriteLine(a[0]);
}
```

Paràmetres de sortida

Finalment, també existeixen els paràmetres de sortida, que s'indiquen amb la paraula clau *out*, i només serveixen per retornar valors en un mètode.

En l'exemple següent, la funció retorna els valors a=5 i b=10. En cas que la funció hagués intentat llegir els valors de *a* i *b* abans d'assignar-los cap valor, hauríem obtingut un error de compilació.

```
static void PasDeParametres(out int a, out int b)
{
  a = 5;
  b = 10;
}
static void Main(string[] args)
{
  int a, b;
  PasDeParametres(out a, out b);
}
```

Sobrecàrrega de mètodes

La sobrecàrrega de mètodes permet tenir múltiples mètodes amb el mateix nom, encara que amb paràmetres diferents. En cridar el mètode, s'invoca l'un o l'altre en funció dels paràmetres de la crida. Vegem-ne un exemple:

```
public static int prova(int a)
{
  return 2 * a;
}

public static int prova(int a, int b)
{
  return a + b;
}

static void Main(string[] args)
{
  Console.WriteLine(prova(10));
  Console.WriteLine(prova(10, 40));
}
```

3. Programació orientada a objectes amb C#

C# és un llenguatge orientat a objectes. A continuació veurem els conceptes bàsics d'orientació a objectes i la seva utilització en C#.

Definició de classes

En C# podem definir una classe mitjançant la paraula clau *class*:

```
class LaMevaClasse
{
  public int valor; // Membre de dades

  public int calcul() // Membre de funció
  {
    return valor*2;
  }
}
```

En la definició de la classe especifiquem els membres de dades (variables o propietats) que descriuen l'estat de l'objecte, i un conjunt d'operacions que defineixen el seu comportament (funcions o mètodes).

Hi ha la possibilitat de definir una classe en diversos fitxers de codi font, la qual cosa es denomina classes parcials. Si creem un formulari en Visual Studio, automàticament es crea una classe parcial repartida en dos arxius. En un d'aquests arxius, escrivim el codi associat als esdeveniments, i en l'altre Visual Studio genera automàticament el codi de la interfície d'usuari.

A manera d'exemple, si creem un formulari anomenat Form1, obtenim una classe parcial anomenada Form1 repartida en els arxius:

- Form1.cs: En aquesta classe programarem tot el codi dels esdeveniments del formulari que volem implementar (en carregar la pàgina, en prémer un botó, etc.).
- Form1.Designer.cs: Aquesta classe mai no la modificarem manualment, sinó que serà Visual Studio el que generarà el codi corresponent al formulari que dissenyem mitjançant el Visual Studio.

Objectes

Un objecte és una instància concreta d'una classe. La sintaxi per a la instanciació d'un objecte és la següent:

```
LaMevaClasse obj;
obj = new LaMevaClasse ();
obj.valor = 3;
```

Si no volem fer més ús d'un objecte, li podem assignar el valor *null*. D'aquesta manera, el netejador de C# detectarà que l'objecte ha deixat de ser referenciat i, per tant, alliberarà la memòria que utilitza.

Propietats

Una propietat permet encapsular una variable juntament amb els mètodes que permeten consultar-ne o modificar-ne el valor. En altres llenguatges, no existeixen les propietats, amb la qual cosa per a cada variable d'una classe s'afegeixen manualment els mètodes get/set corresponents.

En l'exemple següent definim la propietat Descompte, el valor de la qual no permetem que pugui ser negatiu:

```
public class LaMevaClasse
{
  private int descompte;
  public int Descompte
  {
    get
    {
      return descompte;
    }
    set
    {
```

```
        if (value > 0) descompte = value;
        else descompte = 0;
      }
    }
}
```

Una vegada definida la propietat, el seu ús és molt senzill:

```
LaMevaClasse c = new LaMevaClasse();
c.Descompte = 10;
Console.WriteLine(c.Descompte);
```

Construcció d'objectes

Un constructor és el mètode que ens permet crear objectes d'una certa classe, i és útil perquè permet assegurar que els objectes s'inicialitzen correctament, amb la qual cosa assegurem la integritat de les instàncies. És habitual sobrecarregar els constructors per disposar de múltiples constructors en funció del nombre de paràmetres rebuts. En l'exemple següent, la classe té un constructor per defecte (sense paràmetres), i d'altra banda un constructor amb un paràmetre:

```
class LaMevaClasse
{
  public int valor;
  public LaMevaClasse()
  {
    valor = 0;
  }
  public LaMevaClasse(int valor)
  {
    this.valor = valor;
  }
}
```

En l'exemple anterior hem utilitzat la paraula clau *this*, que permet accedir als membres de dades de la pròpia classe. Si no s'hagués utilitzat *this*, hauríem d'haver posat un nom diferent al paràmetre del constructor perquè no coincidís amb el nom de la variable.

Com que tenim dos constructors, podem crear objectes de dues maneres diferents:

```
LaMevaClasse obj1, obj2;
obj1 = new LaMevaClasse();
obj2 = new LaMevaClasse(10);
```

Destrucció d'objectes

Els mètodes destructors permeten alliberar els recursos que ha utilitzat l'objecte al llarg de la seva execució, però que a partir d'un cert moment han deixat de ser utilitzats i, per tant, estan esperant ser alliberats, com per exemple succeiria amb una connexió a base de dades.

Un exemple de destructor seria el següent:

```
~LaMevaClasse()
{
  Console.WriteLine("L'objecte ha estat destruït");
}
```

L'alliberament de recursos té lloc mitjançant el procés de recuperació de memòria (en anglès *garbage collection*), que serà l'encarregat, entre altres coses, d'executar els destructors dels objectes que no s'hagin d'utilitzar més. Això sí, l'alliberament de recursos no es produeix immediatament. De fet, no podem predir quan s'executarà el *garbage collector* i, fins i tot podria arribar a succeir que aquest no s'executi fins que no hagi finalitzat l'execució del nostre programa.

Mètodes estàtics

Un mètode estàtic és el que podem invocar sense necessitat de crear prèviament un objecte de la classe que el conté. Com a exemple mostrem el mètode Pow de la classe Math:

```
double resultat = Math.Pow(2.0, 8);
```

Un altre exemple de mètode estàtic és el mètode *Main*, que no s'executa sobre cap instància de classe, ja que, com que és el primer mètode que s'executa, encara no s'ha creat cap objecte.

Herència

Les classes es poden organitzar en jerarquies que permeten estendre i reutilitzar les funcionalitats d'unes classes en altres. Aquestes jerarquies es creen mitjançant la relació d'herència, que relaciona dues classes: la superclasse i la subclasse, on una subclasse hereta automàticament tota la funcionalitat de la superclasse.

```
class LaMevaClasseFilla : LaMevaClassePare
{
}
```

Si en definir una classe no especifiquem la seva classe pare, per defecte aquesta classe hereta de classe *Object*, que conté alguns mètodes comuns a totes les classes, com per exemple Equals o ToString.

En C# una classe només pot heretar d'una única classe pare. En canvi, hi ha llenguatges que permeten l'herència múltiple, és a dir, que les classes poden heretar de múltiples classes pare al mateix temps.

Interfícies

Una interfície és una espècie de plantilla que especifica com han de ser un conjunt de mètodes (indicant-ne els paràmetres i valors de retorn), però sense disposar de la seva implementació.

Una vegada definida una interfície, hi haurà classes que la implementaran i que, per tant, estaran obligades a implementar tots els mètodes indicats en la interfície. De fet, pel que fa a interfícies, no hi ha problemes amb l'herència múltiple, de manera que una classe pot implementar sense problemes múltiples interfícies al mateix temps (si hi ha mètodes de les classes pare que coincideixin, no hi ha cap problema, ja que aquests mètodes només tindran una única implementació que serà la definida en la mateixa classe).

En l'exemple següent definim la interfície IProva i la classe LaMevaClasse implementa aquesta interfície, amb la qual cosa es veu obligada a implementar el mètode calcul (en cas de no fer-ho, el codi no compilaria):

```
public interface IProva
{
  double calcul(double x);
}

public class LaMevaClasse : IProva
{
  public double calcul(double x)
  {
    return Math.Pow(x, 3);
  }
}
```

Sobreescriptura de mètodes

Quan una classe hereta d'una altra, pot sobreescriure els mètodes marcats com a virtuals, i en sobreescriure'ls ho ha d'indicar explícitament amb el modificador *override*. A manera d'exemple, la classe Object ofereix el mètode virtual ToString, que normalment sobreescrivim en les nostres classes perquè en cridar aquest mètode, es cridi la nostra pròpia implementació del mètode, i no el de la classe base. En cas que volguéssim cridar el mètode de la classe base, ho faríem amb la sentència base.ToString();

En l'exemple següent creem una classe Persona que implementa el seu propi mètode ToString i, en el mètode Main, es mostrarà per pantalla el nom de la persona. Quan el mètode Console.WriteLine no rep com a paràmetre un String, automàticament crida el mètode ToString() de l'objecte que li hàgim passat com a paràmetre.

```
class Persona
{
  String nom;
  public Persona(String nom)
  {
    this.nom = nom;
  }
  public override string ToString()
  {
    return nom;
  }
}

class Program
{
  static void Main(string[] args)
  {
    Persona p = new Persona("Lluís");
    Console.WriteLine(p);
  }
}
```

Genèrics

Els tipus genèrics són classes que es poden aplicar sobre diferents tipus de dades. Per fer-ho utilitzen un tipus de dada comodí, que pot prendre la forma de qualsevol tipus de dades. En l'exemple següent, la propietat e1 permet emmagatzemar un objecte de qualsevol classe:

```
public class Prova<T>
{
  private T e1;
  public T E1
  {
    get { return e1; }
    set { e1 = value; }
  }
}
```

Els mètodes genèrics són similars, ja que permeten crear fragments de codi independents del tipus de dada amb què treballen (molt útil per exemple per a algorismes de recerca o ordenació). A continuació mostrem un exemple de mètode genèric:

```
public static T[] OrdenacioBombolla <T> (T[] valors)
{
  ...
}
```

4. Gestió d'excepcions

Les excepcions són situacions imprevistes que poden succeir quan un programa està en execució. En C# podem gestionar les excepcions perquè el programa no acabi bruscament en cas d'error, i intentar solucionar-ho en la mesura que es pugui. Les excepcions són objectes de la classe Exception (o classes derivades d'aquesta), i quan es produeix una excepció podem capturar l'objecte i tractar-lo com correspongui.

Per fer la gestió d'excepcions disposem de *try/catch/finally*:

- *try*: Inclou el codi que pot generar alguna excepció.
- *catch*: Permet capturar l'objecte de l'excepció. Degut a que es poden generar excepcions de diferents classes, podem tenir múltiples blocs *catch*.
- *finally*: Inclou codi que s'executa amb independència de si s'ha produït una excepció. És un bloc opcional, que se sol utilitzar si és necessari alliberar algun recurs, com per exemple una connexió a una base de dades o tancar un canal de lectura o escriptura.

En l'exemple de codi següent, intentem accedir fora dels límits d'un *array*, i es produeix una excepció que capturem:

```
int[] nombres = new int[2];
try
{
  nombres[0] = 10;
  nombres[1] = 15;
  nombres[2] = 33;
  Console.WriteLine(nombres[3]);
}
catch (IndexOutOfRangeException)
{
  Console.WriteLine("Índex fora de rang");
}
```

```
catch (Exception ex)
{
  Console.WriteLine("Error desconegut: " + ex.Message);
}
finally
{
  Console.WriteLine("Aquí faríem la neteja.");
}
```

Quan es produeix una excepció es revisen els blocs *catch* seqüencialment fins que es troba un que gestioni el tipus d'excepció que s'ha produït. Si no se'n troba cap, l'excepció es propaga, és a dir, es cancel·la l'execució del mètode actual i es retorna el control del programa al mètode que el va cridar. Si aquest mètode tampoc no gestiona l'error, es torna a propagar, i així recursivament fins que s'arriba al mètode principal. Si el mètode principal no gestiona l'error, el programa s'avorta i provoca una excepció de sistema. Una vegada gestionada una excepció en un bloc *catch*, contínua l'execució del programa en la línia següent al bloc *try/catch* en què es va gestionar.

Cal tenir en compte que el primer bloc *catch* que coincideixi amb l'excepció produïda, és el que la gestiona. Els altres *catch* no seran avaluats. Per això és important capturar les excepcions de les més específiques a les més genèriques, i finalment Exception, que és la primera en la jerarquia.

A manera d'exemple, si un catch gestiona l'excepció *IOException* i un altre gestiona *FileNotFoundException*, haurem de col·locar el segon abans que el primer perquè s'executi si es produeix una excepció de tipus *FileNotFoundException*, ja que una excepció d'aquest tipus és alhora del tipus *IOException* per herència. En cas que tinguem un bloc *catch* sense paràmetres, ho haurem de col·locar en últim lloc, perquè s'executa independentment de l'excepció que es produeixi.

Excepcions definides per l'usuari

El .NET Framework defineix una jerarquia de classes d'excepció que parteixen de la classe *Exception* com a arrel. Totes les classes que hereten d'Exception són tractades com a excepcions (i per tant es poden utilitzar en un *try/catch*).

Per crear una excepció personalitzada, hem de crear una classe derivada d'ApplicationException, i sobreescriure els mètodes que corresponguin.

Finalment ens falta saber com provocar una excepció. Això és útil quan el programa es troba en una situació que li impedeix de continuar, per exemple si l'usuari no ha indicat cap valor en un formulari. En aquest cas, podem crear una excepció especial anomenada per exemple *FieldEmptyException*, i llançar-la quan ens falti algun valor. La interfície gràfica capturarà aquest error i avisarà l'usuari, que ha d'emplenar aquesta dada.

Per llançar una excepció utilitzem la instrucció *throw*, i creem un objecte del tipus de l'excepció que vulguem provocar, per exemple:

```
throw new FieldEmptyException ("dni");
```

Com es pot veure en l'exemple anterior, els objectes excepció poden tenir paràmetres; en aquest cas passem el nom del camp que està buit. Segons la grandària de l'aplicació es pot decidir si implementar excepcions personalitzades o no. Si l'aplicació és petita, es pot utilitzar directament la classe *Exception* o *ApplicationException*:

```
throw new Exception("El camp Nom no pot estar buit");
throw new ApplicationException("El camp Nom no pot estar buit");
```

Capítol III

.NET Framework

En aquest capítol s'ofereix una breu introducció a algunes de les classes bàsiques del .NET Framework, les classes de col·lecció, i les d'entrada/sortida.

1. Classes bàsiques

Les classes del *namespace* System ofereixen funcionalitats bàsiques. En aquest apartat veurem algunes de les més importants.

System.Object

La jerarquia de classes de .NET comença en la classe Object, és a dir, totes les classes i altres elements (interfícies, enumeracions, estructures, etc.) són, per herència directa o indirecta, subclasses d'Object. Per tant, totes les classes o elements hereten i poden sobreescriure els mètodes de la classe Object per adequar-los a les seves necessitats.

Alguns dels seus mètodes són:

- Equals: Compara dos objectes i retorna un booleà que indica si són iguals, o no.
- GetHashCode: Retorna un número de *hash* que s'utilitza per emmagatzemar l'objecte en taules de *hash*[11] (per exemple la col·lecció Hashtable). Idealment, el número ha de ser diferent per a instàncies que representen objectes diferents.

---

11. Una taula de *hash* és una taula en què cada element està identificat per una clau. Els elements s'insereixen i es recuperen utilitzant la clau corresponent com a referència.

- GetType: Retorna el tipus de dada de la instància actual.
- ToString: Retorna una representació textual de la instància actual.

System.Convert

La classe *Convert* conté una sèrie de mètodes estàtics molt útils que permeten convertir entre diferents tipus de dades. Hi ha un mètode de conversió per a cada tipus de dada bàsica: *ToInt32, ToDouble, ToChar, ToString,* etc. Per exemple, podem convertir un double a Int32 així:

```
double d = 4.7;
int i = Convert.ToInt32(d);
```

System.Math

Conté mètodes estàtics per fer operacions matemàtiques, com:

Abs	retorna el valor absolut d'un nombre
Cos	retorna el cosinus d'un angle
Exp	retorna i elevat a una potència
Log	retorna el logaritme d'un nombre
Pow	retorna la potència d'un nombre
Round	retorna un nombre arrodonit
Sin	retorna el sinus d'un angle
Sqrt	retorna l'arrel quadrada d'un nombre
Tan	retorna la tangent d'un angle

La classe *Math* també inclou les constants *E* i PI .

System.Random

La classe *Random* permet generar nombres aleatoris. En realitat els nombres generats simulen aleatorietat a partir d'un nombre inicial anomenar llavor (*seed*). El constructor de la classe permet especificar un *seed* concret:

```
Random r = new Random(45);
```

Si sempre escollim el mateix *seed*, obtindrem la mateixa seqüència de nombres aleatoris. Per augmentar l'aleatorietat, el constructor per defecte de la classe escull un *seed* relacionat amb l'hora del processador.

Una vegada creada una instància de la classe *Random*, podem obtenir nombres aleatoris utilitzant el mètode Next. Per exemple, la instrucció següent retorna un enter entre el 0 i el 10:

```
int i = r.Next(0, 10);
```

System.String

String és una classe que ens permet treballar amb cadenes de caràcters. String és un tipus especial, ja que es comporta com un tipus valor (no és necessari utilitzar la paraula clau *new* per definir una variable de tipus cadena), encara que en realitat és un tipus referència. Aquest tipus el podem escriure indistintament com a *string* o *String*.

Si davant la cadena de caràcters posem el caràcter @, podem evitar els caràcters especials i escriure caràcters com "\" o salt de línia. És molt útil per escriure rutes de directoris:

```
string s1 = "Hola això és un string"
string s2 = @"c:\test\prueba.cs"
```

La classe *String* té multitud de mètodes útils:

CompareTo	Compara dues cadenes alfanumèricament.
IndexOf	Retorna la posició d'una subcadena.
Replace	Reemplaça una subcadena per una altra.
Substring	Retorna una certa subcadena.

ToLower	Retorna la mateixa cadena passada a minúscules.
ToUpper	Retorna la mateixa cadena passada a majúscules.
Trim	Elimina els espais a l'inici i final de la cadena.

System.DateTime

DateTime permet emmagatzemar la data i l'hora. Podem accedir a aquestes dades mitjançant propietats com Year, Month, Day, Hour, Minute, Second, i podem obtenir la data/hora actual mitjançant la propietat Now.

D'altra banda, conté mètodes per afegir unitats de temps al valor actual (AddDays, AddMoths, etc.), i diversos mètodes que permeten convertir un DateTime en altres tipus i viceversa. Per exemple, el mètode Parse permet convertir un string amb una data, a un tipus DateTime.

L'exemple següent ens indica si l'any actual és de traspàs, o no:

```
DateTime now = DateTime.Now;
int year = now.Year;
if ((year % 4 == 0 && year % 100 != 0) || (year % 400 == 0))
  Console.WriteLine("Enguany és any de traspàs");
```

System.Array

La classe *Array* conté una sèrie de propietats que hereten tots els *arrays*, entre aquestes:

- Length: Retorna el nombre total de posicions de l'*array*.
- Rank: Retorna el nombre de dimensions de l'*array*.
- Clear: Inicialitza les posicions indicades de l'*array*.
- Copy: Permet copiar parts d'un *array* a un altre.
- IndexOf: Busca un element en l'*array* i retorna la seva posició.
- Sort: Ordena els elements d'un *array* unidimensional. Per poder fer l'ordenació és necessari que els elements de l'*array* implementin la interfície *IComparable*, o proporcionar una ins-

tància d'una classe que implementi la interfície *IComparer*, que permeti comparar dos elements del tipus de l'*array* entre si.

System.Environment

La classe *Environment* permet consultar diferents característiques de l'entorn en què s'executa l'aplicació. Entre aquests, destaquem els següents:

- CurrentDirectory: Obté la ruta d'accés completa del directori en què s'ha iniciat l'aplicació.
- MachineName: Obté el nom de l'equip en què s'està executant l'aplicació.
- GetEnvironmentVariable: Permet consultar variables d'entorn. Vegem-ne un exemple per consultar el valor de la variable PATH:

```
string path = Environment.GetEnvironmentVariable("PATH");
```

2. Col·leccions de dades

Els *arrays* permeten emmagatzemar eficientment objectes, i accedir-hi per la posició en què es troben. No obstant això, els *arrays* tenen la limitació que tots els seus elements han de ser del mateix tipus, i a més, és necessari indicar la longitud exacta de l'*array* en el moment de la seva creació.

Per suplir les limitacions dels *arrays*, en el *namespace* System.Collections disposem d'un conjunt de classes de col·lecció, mitjançant els quals podrem fer ús de llistes enllaçades, piles, cues, taules *hash*, etc. Alguns d'aquests tipus són:

- ArrayList: Permet emmagatzemar objectes, i podem accedir-hi per la seva posició dins de l'estructura. És similar a un *array*, però amb la diferència que ArrayList és una estructura dinà-

mica, que va sol·licitant o alliberant memòria segons que si- gui necessari.
- Queue: Representa una cua (estructura de dades de tipus FIFO).
- Stack: Representa una pila (estructura de dades de tipus LIFO).
- Hashtable: Representa una taula *hash* o diccionari, en la qual els elements s'identifiquen amb una clau.

També podem utilitzar col·leccions genèriques. En crear-les, hem d'indicar el tipus de dades que emmagatzemaran. La taula següent mostra algunes de les col·leccions genèriques, i les seves classes de col·lecció equivalents:

Col·lecció genèrica	Col·lecció equivalent
List<T>	ArrayList
Dictionary<K,V>	Hastable
Queue<T>	Queue
Stack<T>	Stack

3. Entrada/Sortida

El *namespace System.IO* conté tota la funcionalitat d'entrada/ sortida. L'entrada/sortida té lloc mitjançant *streams*,[12] que són fluxos de lectura o escriptura sobre un cert mitjà d'emmagatzematge, com per exemple la memòria, el teclat, la pantalla o els fitxers de disc.

12. Gràcies a l'abstracció que ofereixen els *streams*, podem accedir a diferents tipus de dispositius d'entrada/sortida fent ús d'unes classes molt similars.

Els fluxos de dades estan representats per la classe Stream, que permet fer diferents operacions:

Length	retorna la longitud total del flux
Position	retorna la posició actual en el flux
Close	tanca el flux
Read	llegeix una seqüència de bytes del flux
Seek	canvia la posició actual en el flux
Write	escriu una seqüència de bytes en el flux

La classe *Stream* és abstracta; per tant no es pot instanciar directament, però hi ha diverses subclasses que sí que es poden utilitzar:

FileStream	flux associat a un fitxer
MemoryStream	flux en memòria
CryptoStream	flux de dades encriptades
NetworkStream	flux associat a una connexió de xarxa
GZipStream	flux de dades comprimides

Per llegir/escriure tipus de dades en un *stream*, se sol utilitzar un lector (*Reader*) o escriptor (*Writer*) com els següents:

StreamReader	Permet llegir caràcters
StreamWriter	Permet escriure caràcters
StringReader	Permet llegir cadenes de caràcters
StringWriter	Permet escriure cadenes de caràcters
BinaryReader	Permet llegir tipus de dades primitives
BinaryWriter	Permet escriure tipus de dades primitives

Generalment per llegir i escriure en fitxers s'utilitzen les classes *StreamReader* i *StreamWriter*, que es poden inicialitzar directament especificant el nom del fitxer que es vol obrir, sense necessitat de crear primer un objecte de tipus *FileStream*. A més, aquestes dues classes contenen els mètodes *ReadLine* i *WriteLine*, que permeten llegir o escriure línies senceres del fitxer respectivament. En l'exemple següent veiem un mètode que llegeix un fitxer i ho mostra per pantalla:

```
public void LlegirFitxer (string file)
{
  StreamReader sr = new StreamReader (file);
  string s = sr.ReadLine ();
  while (s!=null)
  {
    Console.WriteLine (s);
    s = sr.ReadLine ();
  }
  sr.Close();
}
```

Al final d'una operació amb *streams* és important tancar l'objecte lector o escriptor, de manera que també es tanqui el flux de dades. Si no es fa això, deixaríem el recurs bloquejat i la resta d'aplicacions no hi podrien accedir.

Capítol IV

ADO.NET

Aquest capítol tracta principalment sobre ADO.NET, des del punt de vista de la seva arquitectura i les classes principals que el componen, i a continuació s'ofereix una introducció a LINQ.

1. Introducció

ADO.NET és l'API d'accés a fonts de dades de .NET. Però abans d'entrar-hi detalladament, fem un breu repàs a les tecnologies d'accés a dades que hi ha hagut a l'entorn de Microsoft.

Evolució de les tecnologies d'accés a dades

Inicialment, les primeres llibreries de desenvolupament per a l'accés a dades eren específiques per a cada tipus de base de dades concreta, per la qual cosa no eren interoperables entre si. El 1989 diverses empreses de programari (Oracle, Informix, Ingres, DEC i altres) van formar el SQL Access Group amb l'objectiu de definir i promoure estàndards per a la interoperabilitat entre bases de dades, i van publicar l'especificació SQL CLI, en què es defineixen les interfícies que s'han d'utilitzar per executar sentències SQL des d'altres llenguatges de programació.

El 1992 Microsoft va llançar Open Database Connectivity 1.0 (ODBC), basat en SQL CLI. El problema és que ODBC era complex, lent i no basat en el model de components COM.

Microsoft va desenvolupar diverses tecnologies sobre ODBC:

- Data Access Object (DAO)[13] va ser desenvolupada per accedir a Microsoft Access. DAO era molt eficient per a bases de dades locals, però no estava preparada per a aplicacions amb múltiples usuaris simultanis.
- Remote Data Objects (RDO) va aparèixer posteriorment. El seu avantatge és que permet consultes complexes i accessos simultanis.

El 1996 va aparèixer la nova tecnologia Object Linking and Embedding DataBase (OLEDB), que és la successora d'ODBC. Aquesta tecnologia té múltiples avantatges, com un rendiment molt millor i que està basada en COM. Per sobre d'OLE DB Microsoft va desenvolupar ActiveX Data Objects (ADO), amb l'objectiu de substituir DAO i RDO.

El 2002 va aparèixer ADO.NET com a tecnologia d'accés a fonts de dades de .NET, que hereta les millors característiques d'ADO i proporciona noves funcionalitats, com per exemple la possibilitat de treballar tant de manera connectada com desconnectada de les bases de dades.

Característiques d'ADO.NET

Les característiques principals d'ADO.NET són:

- Permet treballar tant de manera connectada com desconnectada de l'origen de dades. Un dels avantatges de l'accés desconnectat és que s'aconsegueix més escalabilitat degut a que les connexions dels usuaris no es mantenen per períodes llargs, i d'aquesta manera es pot permetre l'accés de més usuaris.
- Té una forta integració amb XML, i això fa que sigui més fàcil de compartir-lo, d'interpretar-lo i de treballar-hi.
- És independent del llenguatge de programació utilitzat.

13. No s'ha de confondre l'API DAO de Microsoft amb el patró de disseny Data Access Object.

- No solament permet accedir a bases de dades, sinó també a altres fonts de dades, com ara fulls de càlcul, XML, text, etc.

Com s'ha comentat, ADO.NET permet treballar de dues maneres:

- Accés connectat: Requereix una connexió permanent amb la base de dades (fins a l'arribada d'ADO.NET, això era el més habitual).
- Accés desconnectat: Un subconjunt de les dades de la font de dades es copien en un *dataset* i si després es produeixen canvis en el *dataset*, aquests es propaguen a la font de dades.

La figura següent mostra les classes de .NET que intervenen en cada cas:

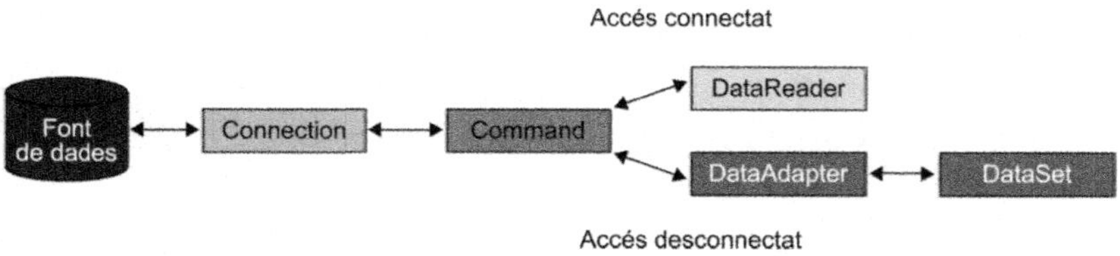

Figura 2. Modes d'accés d'ADO.NET

Les classes principals d'ADO.NET són les següents:

Connection	Realitza la connexió amb una font de dades.
Command	Permet fer consultes o operacions de modificació contra una font de dades.
DataReader	Permet accedir als resultats d'una consulta realitzada contra una font de dades.
DataAdapter	Llegeix les dades i les càrrega en el *dataset*. Si aquí es produeixen canvis, el *data adapter* serà l'encarregat de sincronitzar tots els canvis en la font de dades.
DataSet	Permet emmagatzemar i manipular dades a la memòria.

2. Connexió amb la font de dades

En primer lloc, hem de seleccionar el proveïdor de dades adequat:

Proveïdors de dades

Un proveïdor de dades consta d'un conjunt de classes que permeten l'accés i la comunicació amb les fonts de dades. Dins del .NET Framework s'inclouen[14] els proveïdors de dades següents:

Proveïdor de dades per ODBC

Proveïdor genèric que permet accedir a qualsevol font de dades mitjançant el *driver* ODBC corresponent (és necessari tenir-lo instal·lat prèviament).

Proveïdor de dades per OLEDB

Proveïdor genèric que permet accedir a qualsevol font de dades mitjançant el *driver* OLE DB (és necessari tenir-ho instal·lat prèviament). En comparació amb el proveïdor ODBC, aquest és més recomanable, ja que, entre altres motius, és més ràpid.

Proveïdor de dades per SQL Server

Proveïdor específic per SQL Server 7.0 o posterior. La comunicació amb SQL Server té lloc sense capes intermèdies (ni OLEDB ni ODBC), amb la qual cosa el rendiment és encara millor.

Proveïdor de dades per a Oracle

És un proveïdor de dades específic per a Oracle 8.1.7 o posterior, que també ofereix el màxim rendiment possible, ja que no fa ús de cap capa intermèdia (ni OLE DB ni ODBC)[15].

Tots els proveïdors de dades han d'oferir les classes següents:

---

14. Hi ha molts altres proveïdors de dades que no vénen integrats amb el .NET Framework , i n'hi ha tant de gratuïts com de comercials.

15. Per distingir les classes d'uns i altres proveïdors, s'hi afegeix un prefix (l'hem nomenat xxx), que en SQL Server és Sql, i en OLEDB és OleDb.

Classe	Descripció
xxxConnection	Permet establir una connexió a un tipus de font de dades.
xxxCommand	Permet executar una ordre SQL en una font de dades.
xxxDataReader	Permet llegir un conjunt de dades de la font de dades
xxxDataAdapter	Permet carregar i actualitzar dades en un objecte *DataSet*

Cadenes de connexió

La cadena de connexió és una cadena de caràcters que identifica les característiques de la connexió amb una certa font de dades. La cadena de connexió inclou la localització del servidor, el nom de la base de dades, l'usuari, el *password* o altres opcions específiques del proveïdor de dades utilitzat. La taula següent mostra els paràmetres més comuns.

Paràmetre	Descripció
Data Source	Nom del proveïdor de la connexió
Initial Catalog	Nom de la base de dades
User ID	Usuari d'accés a la font de dades
Contrasenya	Contrasenya d'accés a la font de dades

A manera d'exemple, el codi següent es connecta a una base de dades SQL Server amb l'usuari sa, password xxx, i accedeix a la base de dades Northwind del servidor miBBDD:

```
SqlConnection myConnection = new SqlConnection();
myConnection.ConnectionString = "Data Source=miBBDD;" +
                                "Initial Catalog=Northwind;"
                                "User ID=sa;Password=xxx"
myConnection.Open();
```

3. Accés connectat

L'accés connectat consisteix a obrir una connexió amb la font de dades, executar una sèrie de sentències SQL i tancar la connexió. La classe Command ofereix els mètodes següents per executar les sentències:

Mètode	Descripció
ExecuteScalar	Executa una sentència que retorna un únic valor.
ExecuteReader	Executa una sentència que retorna un conjunt de files.
ExecuteNonQuery	Executa una sentència que modifica l'estructura o les dades de la base de dades. Torna el nombre de files afectades.
ExecuteXmlReader	Executa una sentència que retorna un resultat XML.

Sentències que no retornen valors

Utilitzarem el mètode ExecuteNonQuery per executar sentències SQL que no retornen valors. L'exemple següent crea una taula anomenada A:

```
SqlCommand cmd = new SqlCommand (
  "CREATE TABLE A (A INT, PRIMARY KEY (A))", conn);
cmd.ExecuteNonQuery ();
```

En el cas de les sentències SQL de manipulació (DML), el mètode *ExecuteNonQuery* retorna el nombre de files afectades. L'exemple següent modifica el preu dels productes i obté el nombre de files afectades:

```
SqlCommand cmd = new SqlCommand (
  "UPDATE PRODUCTES SET preu = preu + 10", conn);
int nomFiles = cmd.ExecuteNonQuery ();
```

Sentències que retornen un únic valor

El mètode ExecuteScalar l'utilitzarem quan la sentència retorni un únic valor. L'exemple següent retorna el nombre de files d'una taula:

```
SqlCommand cmd = new SqlCommand (
   "SELECT COUNT(*) FROM PRODUCTES", conn);
int nomFiles = (int)(cmd.ExecuteScalar ());
```

Sentències que retornen un conjunt de valors

En general, l'execució d'una sentència SELECT o un procediment emmagatzemat retorna un conjunt de dades. Per executar aquest tipus de sentències utilitzem el mètode *ExecuteReader* de la classe *Command*, que retorna un objecte *DataReader* que ens permet consultar les files obtingudes.

Un *DataReader* és un cursor que permet iterar cap endavant sobre un conjunt de files (no es poden recuperar elements anteriors), resultat de l'execució d'una sentència SQL o un procediment emmagatzemat. Per poder utilitzar un *DataReader* és necessari mantenir oberta la connexió amb la base de dades, no podem tancar-la i després recórrer el *DataReader*. Per això es denomina accés a dades connectat.

En l'exemple següent fem una consulta i obtenim els resultats:

```
SqlCommand cmd = new SqlCommand(
   "SELECT id, descr FROM usuaris", conn);
SqlDataReader reader = cmd.ExecuteReader();
while (reader.Read())
{
   int id = reader.GetInt32(0);
   String descr = reader.GetString(1);
}
reader.Close();
conn.Close();
```

Comprovació de valors null

Podem comprovar quan el valor d'una columna és nul amb el mètode *IsDbNull* del DataReader:

```
if (!reader.IsDBNull (3)) // Si la tercera columna no és null
{
  int i = dr.GetInt32(3);
}
```

A partir de la versió 2.0 del .NET Framework, gràcies als tipus anul·lables,[16] podem executar el mètode GetXXX sense comprovacions addicionals:

```
int? i = dr.GetInt32(3);
```

Procediments emmagatzemats

Els procediments emmagatzemats poden retornar resultats o no. Si retornen resultats els executarem mitjançant el mètode Execute Reader de la classe Command, mentre que si no retornen resultats els executarem mitjançant el mètode ExecuteNonQuery.

Per executar un procediment emmagatzemat, cal crear un Sql Command, al qual se li indica el nom i els paràmetres del procediment:

```
SqlCommand cmd = new SqlCommand ("ActualitzarPreu", conn);
cmd.CommandType = CommandType.StoredProcedure;
cmd.Parameters.Add ("@producteID", 4);
cmd.Parameters.Add ("@nouPreu", 50);
int modified = cmd.ExecuteNonQuery ();
Console.WriteLine ("S'han modificat " + modified + " files");
```

16. Els tipus anul·lables són una extensió dels tipus valor de .NET, i permeten que el tipus de dades pugui contenir també el valor *null*. Per indicar que un tipus és anul·lable, hi afegim un ? al costat del tipus de dades.

Transaccions

ADO.NET permet gestionar transaccions[17] de manera senzilla. En l'exemple següent executem dues sentències SQL dins d'una transacció:

```
String connString = "Data Source=miBBDD;" +
  "Initial Catalog=Northwind;" +
  "User ID=sa;Password=xxx";
SqlConnection conn = new SqlConnection(connString);
conn.Open();
SqlTransaction tran = conn.BeginTransaction();
SqlCommand command1 = new SqlCommand(
  "DELETE FROM User WHERE Id = 100", conn, tran);
SqlCommand command2 = new SqlCommand(
  "DELETE FROM User WHERE Id = 200", conn, tran);
try
{
  command1.ExecuteNonQuery();
  command2.ExecuteNonQuery();
  tran.Commit();
}
catch (SqlException)
{
  tran.Rollback();
}
finally
{
  conn.Close();
}
```

17. Una transacció és un conjunt de sentències relacionades que s'han d'executar totes o, si no, no se'n pot executar cap. Es diu que una transacció fa *commit* o *rollback* respectivament.

4. Accés desconnectat

Datasets sense tipus

Un *DataSet* és una còpia en memòria d'una part d'una base de dades. Constitueix una vista "desconnectada" de les dades, és a dir, existeix en memòria sense una connexió activa a una base de dades que contingui la corresponent taula o vista. L'objecte *DataSet* desa les dades i la seva estructura en XML, la qual cosa permet per exemple enviar o rebre un XML per mitjà de HTTP.

Un *DataSet* està compost per taules (*DataTables*) i una llista de relacions entre aquestes (*Relations*). A més el *DataSet* manté un *schema* XML amb l'estructura de les dades. Un *DataTable,* alhora, està format per columnes (*DataColumn*) i conté una sèrie de files de dades (*DataRow*). També pot tenir definides una sèrie de restriccions (*Constraints*), com "Primary key", "Foreign key", "Unique" o "Not null".

Les files constitueixen les dades que s'emmagatzemen en el *DataTable*. De cada *DataRow* es desen dues còpies, una de la versió inicial (la que es recupera de la base de dades), i una altra de la versió actual, per identificar els canvis realitzats en el *DataSet.*

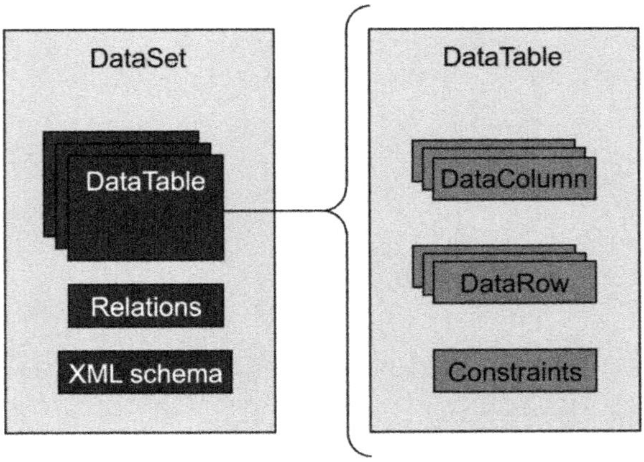

Figura 3. Estructura d'un DataSet

L'exemple següent crea un objecte *DataTable* que representa la taula "Productes" d'una font de dades, i l'afegeix al *DataSet* "Magatzem":

```
DataSet ds = new DataSet("MAGATZEM");
DataTable dt = ds.Tables.Add("PRODUCTES");
dt.Columns.Add("id", typeof (Int32));
dt.Columns.Add("nom", typeof (String));
dt.Columns.Add("preu", typeof (Double));
```

Per recuperar taules o columnes de les col·leccions Tables i Columns, podem accedir per posició o pel nom de l'element. En l'exemple següent recuperem la columna "id" de la taula "Productes":

```
// accés per posició
DataColumn dc = ds.Tables[0].Columns[0];

// accés per nom
DataColumn dc = ds.Tables["PRODUCTES"].Columns["id"];
```

Datasets amb tipus

Un dataset amb tipus és una classe derivada de *DataSet*, i que té un esquema de taules i relacions predefinit. A més, proporciona mètodes i propietats per accedir a les taules, files i columnes del *DataSet*, utilitzant els noms d'aquestes, cosa que permet un codi molt més senzill i llegible.

El .NET Framework SDK proporciona l'eina xsd.exe que, donat un *schema* XML (XSD) que defineix l'estructura del *DataSet*, crea la classe *DataSet* que correspon a l'estructura indicada. Aquesta classe es pot compilar separadament, o es pot afegir directament amb la resta de classes de l'aplicació.

Per facilitar la tasca de creació de *datasets* amb tipus, Visual Studio proporciona eines de disseny visual a aquest efecte. Per a això, cal afegir un nou element al projecte de tipus "DataSet", amb la qual cosa apareix el dissenyador de *datasets*, on podem definir la seva estructura en forma de XSD.

Una altra opció més ràpida és crear l'estructura d'un *DataSet* a partir d'una base de dades existent. Per a això, en la finestra de l'explorador de servidors, obrim la llista de taules de la base de dades i arrosseguem les taules que vulguem afegir al *DataSet*, directament al dissenyador de *DataSet*.

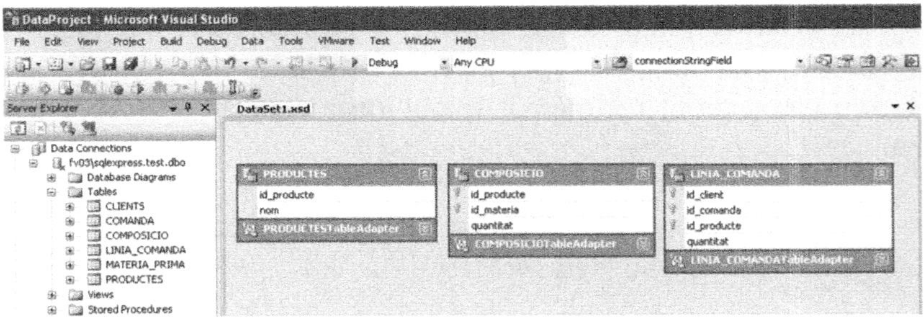

Figura 4. Creació d'un DataSet típic

Una vegada creada l'estructura d'un *dataset*, hi podem afegir noves files de dades, fer modificacions o eliminacions. Una vegada s'han produït aquests canvis, podem fer-los permanents o rebutjar-los amb els mètodes AcceptChanges i RejectChanges. Concretament, si executem *AcceptChanges* sobre una fila, tots els canvis passen a ser dades permanents. En canvi, si executem *RejectChanges*, els canvis es rebutjaran i la fila torna a l'estat anterior a tots aquests canvis.

La classe DataAdapter

La classe *DataAdapter* actua d'intermediària entre la font de dades i un *DataSet*. El *DataAdapter* és l'encarregat de connectar-se a la font de dades, executar la consulta SQL desitjada i omplir el *DataSet* amb les dades obtingudes. També és l'encarregat d'actualitzar la font de dades amb els canvis realitzats en el *DataSet*, una vegada s'ha acabat de treballar amb ell.

Aquesta classe forma part del proveïdor de dades que s'utilitza, per exemple per al proveïdor SQLServer.NET, serà *SqlDataAdapter*, i per al d'OLEDB serà *OleDbDataAdapter*.

Com veiem en el diagrama següent, un *DataAdapter* conté una sèrie d'objectes *Command* que representen les sentències de consulta (*SelectCommand*), inserció de noves dades (*InsertCommand*), modificació de dades (*UpdateCommand*), i esborrament de dades (*DeleteCommand*) respectivament. A més, conté una propietat *TableMappings* que relaciona les taules del *DataSet* amb les taules homòlogues de la font de dades.

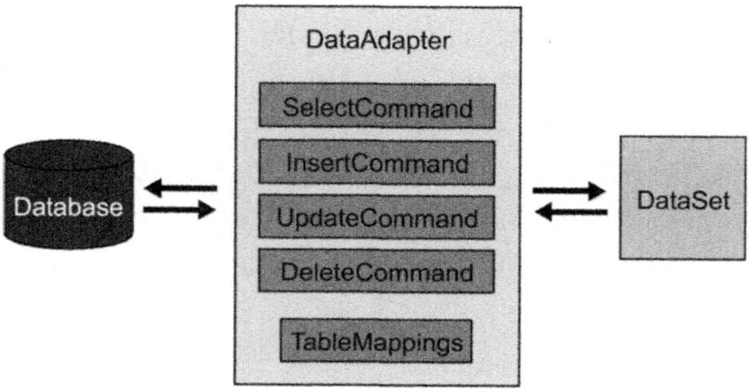

Figura 5 – La classe DataAdapter

La classe *DataAdapter* proporciona el mètode *Fill*, que permet omplir un objecte *DataSet* amb els resultats de la consulta SQL representada per l'objecte *SelectCommand*. L'exemple següent mostra com crear un objecte *DataAdapter* i com emplenar un *dataset* amb el mètode Fill:

```
SqlConnection conn = new SqlConnection(strConn);
SqlDataAdapter da = new SqlDataAdapter (
  "SELECT id, nom FROM CLIENTS", conn);
DataSet ds = new DataSet ();
da.Fill(ds, "CLIENTS");
```

Com es mostra en l'exemple, no cal cridar explícitament els mètodes *Open i Close* de la connexió. El mètode *Fill* comprova si la connexió està o no oberta, i si no ho està, l'obre, i la tanca en acabar.

Una vegada s'hagin fet tots els canvis pertinents, utilitzem de nou la classe *DataAdapter* per actualitzar les dades de la font de dades amb les modificacions realitzades en el *DataSet* amb el mètode Update, que utilitza les sentències SQL representades per les propietats *InsertCommand, UpdateCommand* i *DeleteCommand,* per inserir les files noves, modificar les ja existents, i esborrar les eliminades respectivament.

Problemes de concurrència

L'ús de *DataSets* en una base de dades a la qual accedeixen múltiples usuaris afegeix el problema de la gestió de la concurrència. Mentre un usuari està treballant amb les dades en una còpia local, es pot produir una actualització d'aquestes en la font de dades real, invalidant així les dades que hem llegit, quan encara hi estem treballant. En general, hi ha diverses tècniques de gestió de concurrència:

- Concurrència pessimista: Quan una fila és llegida, aquesta queda bloquejada per a la seva lectura per qualsevol altre que la demani, fins que aquell que la posseeix l'alliberi.
- Concurrència optimista: Les files estan disponibles per a la seva lectura en tot moment, i poden ser llegides per diferents usuaris al mateix temps. Quan algú intenta modificar una fila que ja va ser modificada es produeix un error i no es produeix la modificació.
- *Last win*: tècnica que implica que no hi ha cap control, simplement l'última actualització és la que roman.

Visual Studio només permet escollir entre concurrència optimista o *last win* en crear un objecte *DataAdapter* amb l'assistent de configuració (vegeu la figura inferior). Si no se selecciona cap concurrència optimista, s'hi aplica per defecte concurrència del tipus *last win*.

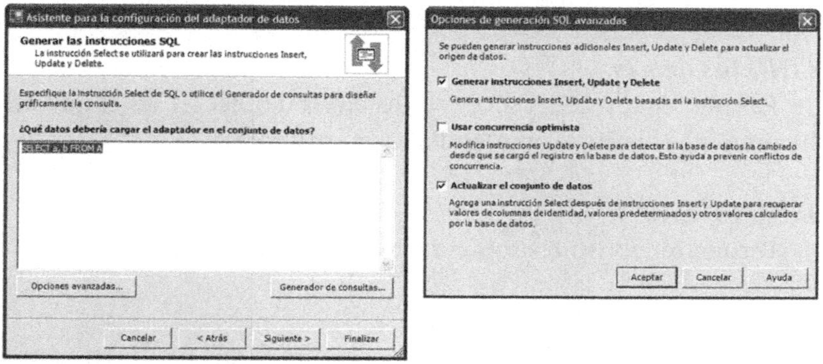

Figura 6. Assistent del DataAdapter

La classe DataView

Un objecte *DataView* és similar a una vista d'una base de dades, on podem fer filtratges o ordenació de les dades. En l'exemple següent, creem una vista ordenada per nom, i amb un filtre de preu:

```
DataView dv = new DataView (ds.Tables("PRODUCTES"));
dv.Sort = "nom";
dv.RowFilter = "preu > 100";
```

5. LINQ

LINQ afegeix capacitats de consulta i modificació de dades als llenguatges C# i Visual Basic .NET. LINQ. No solament permet treballar amb bases de dades, sinó que està dissenyat per treballar amb qualsevol tipus d'origen de dades, com llistes d'objectes, arxius XML, etc.

La diferència principal entre utilitzar ADO.NET o LINQ, per consultar una font de dades, és que amb LINQ les consultes es comproven de manera sintàctica en temps de compilació.

Disposem de les implementacions de LINQ següents:

LINQ to Objects

Permet fer consultes sobre col·leccions d'objectes. És el que utilitzarem en tots els exemples d'aquest subapartat.

LINQ to XML

Permet fer consultes sobre dades en format XML.

LINQ to ADO.NET

Permet consultar bases de dades a través d'ADO.NET. Hi ha tres variants:

- LINQ to SQL: Permet fer consultes sobre bases de dades relacionals, encara que inicialment només amb SQL Server.
- LINQ to DataSet: Permet fer consultes sobre DataSets.
- LINQ to Entities: Permet fer consultes sobre un model conceptual de dades. Està relacionat amb ADO.NET Entity Framework, que permet treballar contra un model conceptual de dades, sense preocupar-se de l'estructura real de la base de dades.

Sintaxi de LINQ

La sintaxi de LINQ és similar al llenguatge SQL. En LINQ el resultat d'una consulta és sempre un tipus enumerable (concretament és una instància de IEnumerable<T>), amb la qual cosa sempre podrem recórrer el resultat tal com faríem amb una enumeració qualsevol.

L'exemple següent fa una consulta que retorna els noms de les persones de l'*array* persones el lloc de naixement de les quals sigui Barcelona, que són la Rosa i en Joan:

```
Persona[] persones = new Persona[] {
   new Persona ("Juan", "Barcelona", 20),
   new Persona ("Pedro", "Londres", 30),
   new Persona ("Maria", "Lisboa", 40),
   new Persona ("Rosa", "Barcelona", 25)};

var persones_BCN =
   from p in persones
   where (p.Ciutat == "Barcelona")
   orderby p.Edat descending, p.Nom
   select (p);

foreach (Persona p in persones_BCN)
  Console.WriteLine(p.Nom);
```

La paraula clau *var* s'utilitza per inferir automàticament el tipus de dada del resultat. En l'exemple anterior, seria equivalent haver escrit IEnumerable<Persona> en lloc de *var*. Alguns dels operadors de LINQ són:

from

Indica la font d'informació sobre la qual s'executarà la consulta.

where

Permet especificar les restriccions o els filtres que s'han d'aplicar a les dades.

select

Indica els camps a retornar en el resultat.

orderby

Permet ordenar els resultats per un o diversos criteris d'ordenació, i podem indicar l'ordre com a *ascending* (per defecte) o *descending*.

group by

Permet agrupar els resultats segons un criteri determinat. L'exemple següent mostra com agrupar les persones per ciutat:

```
Persona[] persones = new Persona[] {
  new Persona ("Juan", "Barcelona", 20),
  new Persona ("Pedro", "Londres", 30),
  new Persona ("Maria", "Lisboa", 40),
  new Persona ("Rosa", "Barcelona", 25)};

var grups = from p in persones
    group p by p.Ciutat;

foreach (var grup in grups)
{
  Console.WriteLine("Ciutat: " + grup.Key);
  Console.WriteLine("Cont: " + grup.Count());
  foreach (Persona persona in grup)
  {
    Console.WriteLine(" " + persona.Nom);
  }
}
```

En executar l'exemple anterior, obtenim el resultat següent:

```
Ciutat: Barcelona
Cont: 2
  Juan
  Rosa
Ciutat: Londres
Cont: 1
  Pedro
```

```
Ciutat: Lisboa
Cont: 1
  Maria
```

join

L'operador *join* permet definir una relació entre dues classes o entitats dins de la consulta. La seva semàntica és similar a la del *join* de SQL, ja que el que fa és creuar totes dues taules (o classes) en funció de l'expressió d'enllaç especificada.

A continuació, es mostra un exemple en què s'utilitza la instrucció *join* per combinar les persones amb les ciutats, i obtenir una llista amb el nom de la persona, la seva ciutat i el país:

```
Persona[] persones = new Persona[] {
  new Persona ("Juan", "Barcelona", 20),
  new Persona ("Pedro", "Londres", 30),
  new Persona ("Maria", "Lisboa", 40),
  new Persona ("Rosa", "Barcelona", 25)};

Ciutat[] ciutats = new Ciutat[] {
  new Ciutat ("Barcelona", "Espanya"),
  new Ciutat ("Londres", "Regne Unit"),
  new Ciutat ("Lisboa", "Portugal")};

var llistat =
  from p in persones
  join c in ciutats
  on p.Ciutat equals c.Nom
  select new {p.Nom, p.Ciutat, c.Pais};

foreach (var p in llistat)
  Console.WriteLine(p.Nom+"\t"+p.Ciutat+"\t"+p.Pais);
```

En executar l'exemple anterior, obtenim el resultat següent:

```
Juan        Barcelona        Espanya
Pedro       Londres          Regne Unit
Maria       Lisboa           Portugal
Rosa        Barcelona        Espanya
```

Agregats

Els agregats són mètodes que retornen el resultat de fer una determinada operació sobre els elements de la llista de valors sobre la qual s'aplica. A continuació s'indica la utilitat de cadascun:

Count	retorna el nombre d'elements de la llista
Min	retorna l'element més petit
Max	retorna l'element més gran
Sum	retorna la suma dels valors de la llista
Average	retorna una mitjana dels valors de la llista

L'exemple següent mostra l'edat mínima de les persones de l'*array*, la qual cosa executat sobre l'*array* de persones de l'exemple anterior, ens donaria com a resultat el valor 20:

```
var edat_minima = ( from p in persones
                    select p.Edat).Min();
Console.WriteLine(edat_minima);
```

Capítol V

Windows Forms

En aquest apartat s'introdueix la tecnologia Windows Forms, que permet crear aplicacions d'escriptori.

1. Introducció

Windows Forms és una tecnologia de Microsoft que permet desenvolupar aplicacions d'escriptori de manera senzilla. Abans de la seva aparició, s'utilitzaven les MFC (Microsoft Foundation Classes), en què la programació era força més complexa.

Windows Forms apareix l'any 2002 i consta d'un conjunt de classes que permeten desenvolupar interfícies d'usuari, ja sigui afegint-hi controls gràfics que gestionem mitjançant esdeveniments, o fent crides a baix nivell mitjançant les classes de System.Drawing, amb les quals podem dibuixar, escriure text, processar imatges, etc.

L'ús per part del programador de biblioteques gràfiques més complexes, com la llibreria GDI+ de Win32, DirectX o OpenGL (Open Graphics Library) queda relegat[18] només a les situacions que requereixin funcionalitats gràfiques més avançades, com ara processament d'imatges, animacions, 3D, etc.

Un formulari és la finestra utilitzada per presentar la informació

18. Encara que el programador directament no utilitzi GDI+ (de l'anglès Graphics Device Interface), les crides a l'API de WinForms internament s'acaben traduint a crides a GDI+.

o rebre les entrades de l'usuari. Un formulari pot ser una simple finestra, una finestra MDI[19] o un diàleg. I en tots els casos, cal tenir present que un formulari és un objecte d'una certa classe (concretament, cada formulari és una classe derivada de System.Windows.Forms. Form), amb la qual cosa presentarà un conjunt de propietats, mètodes i esdeveniments:

- Propietats: permeten, per exemple, canviar l'aparença d'un formulari (el color, la mida, la posició, etc.).
- Mètodes: exposen el comportament del formulari (mostrar, ocultar, tancar, moure, etc.).
- Esdeveniments: permeten interactuar amb el formulari i associar el codi que s'ha d'executar quan es produeixin aquests esdeveniments (en tancar el formulari, en minimitzar-lo, en moure'l, etc.).

Un formulari conté internament un conjunt de controls (botons, etiquetes, caixes de text, etc.) que ens permetran crear la interfície d'usuari. Així com el formulari té uns esdeveniments associats, cadascun dels controls també tindrà els seus propis esdeveniments. Per a tots els esdeveniments que ens interessin, implementarem la funció corresponent, que contindrà el codi que s'ha d'executar quan es produeixi l'esdeveniment (per exemple, quan l'usuari faci clic en un botó, es mostrarà un missatge per pantalla).

Per entendre el codi generat automàticament per Visual Studio, crearem una primera aplicació de tipus Windows Forms, a la qual afegirem un botó. Quan hi fem clic, mostrarà un missatge: "HOLA!":

19. MDI (de l'anglès Multiple Document Interface) són les finestres que a dins poden contenir diverses finestres. Exemples d'aplicacions MDI són Adobe Photoshop o Visual Studio de Microsoft.

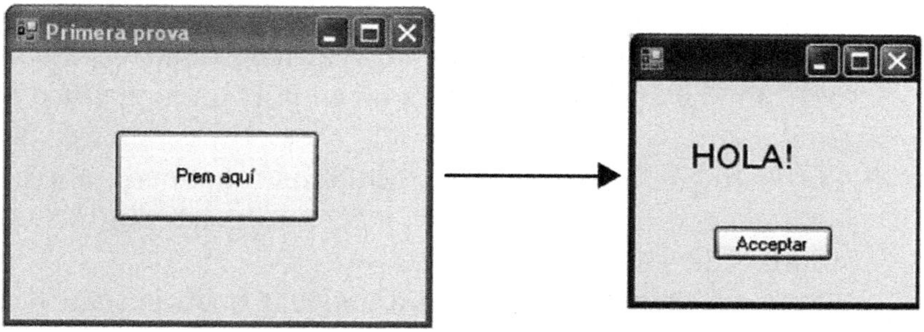

Figura 7. Primera aplicació WinForms

Vegem el codi corresponent:

Form1.cs:
Conté el constructor i el codi associat als esdeveniments.

```
public partial class Form1 : Form
{
  public Form1()
  {
    InitializeComponent();
  }

  private void Button1_Click(object sender, EventArgs e)
  {
    MessageBox.Show("HOLA!");
  }
}
```

- En crear el formulari amb Visual Studio, s'ha creat automàticament una classe Form1, que deriva de Form.
- La classe és *partial*, la qual cosa permet repartir el seu codi en dos arxius: Form1.cs, en què el programador escriurà el codi

associat als esdeveniment i, l'altre Form1.Designer.cs, generat automàticament per Visual Studio a partir del disseny que fem del formulari, i que el programador en principi no haurà d'editar mai.

- El constructor crida el mètode InitializeComponent, que ha estat generat per Visual Studio, i és on s'inicialitzen tots els controls del formulari.
- El mètode Button1_Click serà anomenat quan l'usuari faci clic en el botó Button1. En aquest moment, apareixerà el missatge "HOLA!" per pantalla.

Form1.Designer.cs:

Conté el codi generat automàticament per Visual Studio (es recomana no modificar-lo manualment).

```
partial class Form1
{
  private IContainer components = null;

  protected override void Dispose(bool disposing)
  {
    if (disposing &amp;&amp; (components != null))
    {
      components.Dispose();
    }
    base.Dispose(disposing);
  }

  private void InitializeComponent()
  {
    this.Button1 = new Button();
    this.SuspendLayout();
```

```
        this.Button1.Location = new Point(65, 31);
        this.Button1.Name = "Button1";
        this.Button1.Size = new Size(125, 74);
        this.Button1.TabIndex = 0;
        this.Button1.Text = "Prem aquí!";
        this.Button1.UseVisualStyleBackColor = true;
        this.Button1.Click +=
          new EventHandler(Button1_Click);

        this.AutoScaleDimensions = new SizeF(6F, 13F);
        this.AutoScaleMode = AutoScaleMode.Font;
        this.ClientSize = new Size(263, 153);
        this.Controls.Add(this.Button1);
        this.Name = "Form1";
        this.Text = "Primera prova";
        this.ResumeLayout(false);
    }

    private Button Button1;
}
```

- El mètode Dispose ha estat creat per Visual Studio i conté el codi per alliberar els recursos del formulari.
- El mètode InitializeComponent també ha estat creat per Visual Studio. En el codi es crea una instància del botó, s'inicialitzen les seves propietats i s'assigna el mètode Button1_Click a l'esdeveniment Click del botó. A continuació, s'inicialitzen les propietats del formulari, com per exemple la mida o el títol de la finestra.
- El formulari conté una variable per a cadascun dels seus controls. En aquest cas, com que només hi ha un botó, conté una única variable anomenada Button1, que és de la classe Button.

Delegats

La implementació dels esdeveniments de C# està basada en l'ús de delegats,[20] que permeten passar funcions com a paràmetres a altres funcions. Concretament, un delegat permet al programador encapsular una referència a un mètode dins d'un objecte delegat. Posteriorment, l'objecte delegat podrà ser passat com a paràmetre a un codi, que s'encarregarà de cridar el mètode referenciat, sense necessitat d'haver de saber en temps de compilació quin és el mètode en qüestió.

Un delegat permet emmagatzemar una referència a qualsevol mètode que compleixi un cert contracte, que és definit pel tipus i el nombre de paràmetres, i pel tipus del valor de retorn de la funció. A manera d'exemple, el delegat següent permetrà referenciar qualsevol funció que rebi dos enters com a paràmetres, i retorni un altre sencer:

```
public delegate int ElMeuDelegat (int valor1, int valor2);
```

En l'exemple següent es defineix i s'utilitza un delegat. En executar l'aplicació es mostraria per la pantalla el valor "8", corresponent al valor de 2^3:

```
class Program
{
  public delegate int ElMeuDelegat(int valor1, int valor2);

  public static int suma(int valor1, int valor2)
  {
    return valor1 + valor2;
  }
```

20. En C/C++ l'equivalent als delegats serien els punters a funcions.

```
public static int potencia(int base, int exponent)
{
  return (int)Math.Pow(base, exponent);
}

public static void calcul(ElMeuDelegat f, int a, int b)
{
  Console.WriteLine(f(a, b));
}

static void Main(string[] args)
{
  ElMeuDelegat delegat = new ElMeuDelegat(potencia);
  calcul(delegat, 2, 3);
}
```

Funcions gestores d'esdeveniments

Les funcions associades als esdeveniments es gestionen mitjançant delegats amb el contracte següent:

```
delegate void NombreEventHandler (object Sender, EventArgs e);
```

- La funció no retorna res (*void*).
- El primer paràmetre és l'objecte que ha generat l'esdeveniment.
- El segon paràmetre emmagatzema les dades que es poden utilitzar en la funció gestora de l'esdeveniment. Es pot tractar d'un objecte de la classe EventArgs o, si no, d'una classe derivada que permeti emmagatzemar informació addicional en funció del tipus d'esdeveniment.

En l'exemple següent, mostrem diverses funcions gestores d'esdeveniments:

```
private void Form2_Load(object sender, EventArgs e)
{
}

private void textBox1_KeyPress(object sender,
KeyPressEventArgs e)
{
MessageBox.Show(e.KeyChar.ToString());
}

private void textBox1_MouseClick(object sender,
MouseEventArgs e)
{
MessageBox.Show(e.X + " « " + e.Y);
}
```

- La primera correspon a l'esdeveniment Load del formulari, que s'executa una única vegada, just abans que el formulari es mostri per pantalla per primera vegada. Aquest esdeveniment és molt utilitzat, ja que és el que afegeix Visual Studio automàticament per defecte en fer doble pulsació sobre un formulari qualsevol.
- La segona funció correspon a la pulsació d'una tecla en un control TextBox, on es mostra per pantalla la tecla que s'ha premut.
- La tercera funció correspon a la pulsació d'un botó del ratolí sobre un control TextBox, que mostra per pantalla la posició (X,Y) on ha tingut lloc la pulsació.

2. Controls

En un formulari podem arrossegar múltiples elements de la paleta de controls encara que, per ser precisos, la paleta conté tant contenidors com components i controls. Vegem a continuació les diferències entre els uns i els altres:

- Un contenidor és un objecte que pot contenir múltiples components. Per esmentar-ne alguns exemples, a la paleta de controls disposem dels contenidors Panel, GroupBox o TabControl.
- Un component és una subclasse de Component, que ofereix una interfície clarament definida i que està dissenyada per ser reutilitzada per terceres aplicacions, però que no té perquè mostrar cap interfície gràfica. Un exemple seria el component DataSet, que permet emmagatzemar dades, però que no mostra res per pantalla (per a això serà necessari utilitzar altres controls).
- Un control és una classe derivada de Control i és un component que, a més, té interfície gràfica. Un exemple seria el control Button, que mostra un botó.

En la figura següent mostrem de manera molt simplificada la jerarquia de classes corresponent al component DataSet i al control Button:

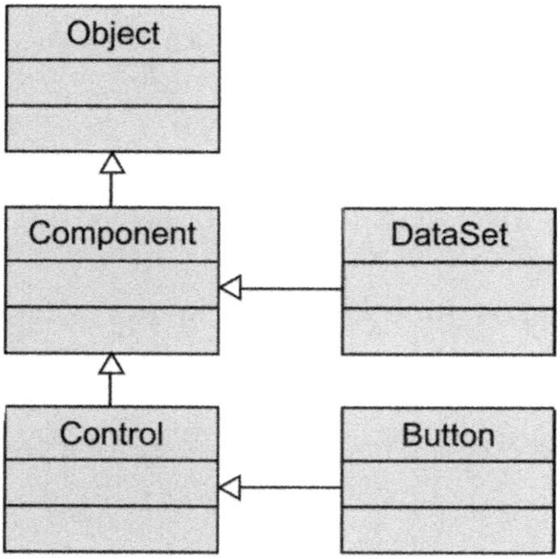

Figura 8. Jerarquia simplificada de components i controls

.NET Framework proporciona multitud[21] de components i controls que ens permeten desenvolupar interfícies gràfiques de manera ràpida i senzilla. A més, en cas que no trobi el control necessari, podem implementar els nostres propis controls personalitzats.

A continuació es repassen breument els elements principals del tauler de control de Visual Studio:

Contenidors

- Panel: Permet agrupar un conjunt de controls i tractar-los de manera simultània. A manera d'exemple, ens facilitaria mostrar o ocultar tot un conjunt de controls per pantalla.
- SplitContainer: Són dos taulers separats per una barra movible (anomenada *splitter*), que l'usuari pot utilitzar per redimensionar la mida dedicada a cadascun dels taulers.
- GroupBox: És molt similar al Panel, i la diferència principal és l'aparença que mostra per pantalla.
- TabControl: Permet albergar controls en diferents grups i l'usuari pot accedir a els uns o els altres mitjançant pestanyes diferents.

Controls

- Label: És una etiqueta on podem mostrar text per pantalla.
- TextBox: És una caixa de text on l'usuari pot escriure.
- PictureBox: Permet mostrar una imatge.
- Button: És un botó que pot prémer l'usuari.
- ListBox: Llista d'elements dels quals l'usuari pot seleccionar un o diversos.
- ComboBox: Similar al ListBox, amb la diferència que és una llista desplegable i l'usuari només pot seleccionar un element.
- CheckBox: Element que l'usuari pot marcar com a seleccionat o no. En cas d'haver-hi diversos CheckBox l'un sota l'altre,

21. En Internet podem trobar multitud de controls addicionals i n'hi ha tant de gratuïts com de comercials.

funcionen de manera independent, de manera que l'usuari pot seleccionar tants com desitgi.

- RadioButton: Element similar al CheckBox, però que està dissenyat perquè l'usuari seleccioni únicament un d'entre un conjunt d'opcions. A manera d'exemple, es pot utilitzar per preguntar a l'usuari si està solter o casat, de manera que haurà de seleccionar una opció o l'altra, però no totes dues al mateix temps.
- TreeView: Permet mostrar un conjunt d'elements jeràrquics dins d'una estructura de tipus arbre.
- DataGridView: Control molt potent, que permet mostrar i gestionar dades en forma de taula. És molt útil per fer el manteniment d'una taula de la base de dades.
- MenuStrip: Permet crear un menú de manera molt senzilla. Aquest menú pot contenir al seu torn altres submenús.
- ContextMenuStrip: Permet crear un menú contextual i associar-lo a un conjunt d'elements. D'aquesta manera, quan l'usuari faci clic amb el botó dret sobre un cert element, es mostrarà el menú contextual corresponent.

Components

- FileSystemWatcher: Permet vigilar el sistema de fitxers i reaccionar davant modificacions que hi tinguin lloc. A manera d'exemple, el podem configurar perquè ens avisi quan s'elimini o es modifiqui un arxiu en un cert directori.
- MessageQueue: Ofereix accés a un servidor de missatgeria de cues, com per exemple MSMQ (Microsoft Message Queuing).
- SerialPort: Ens permet fer comunicacions per un port sèrie.
- Timer: Llança un esdeveniment cada cert període de temps.

Diàlegs

També disposem d'un conjunt de diàlegs prefabricats, que són molt útils per a tasques quotidianes, com triar la ruta d'un arxiu o seleccionar un color d'una paleta de controls. Concretament, disposem dels controls següents:

- ColorDialog: Permet seleccionar un color d'una paleta de colors.
- FolderBrowserDialog: Permet seleccionar un directori.
- FontDialog: Permet seleccionar un tipus de font.
- OpenFileDialog: Permet obrir un arxiu.
- SaveFileDialog: Permet gravar en un arxiu.
- PrintDialog: Permet imprimir en una impressora.
- PrintPreviewDialog: Mostra una vista preliminar d'impressió.
- PageSetupDialog: Permet establir les mesures de la pàgina, els marges, etc. abans d'imprimir.

En cas que necessitem un diàleg que no es correspongui amb cap dels anteriors, crearem els nostres propis diàlegs a mida. Per a això, n'hi ha prou amb afegir nous formularis al projecte i quan l'aplicació estigui en execució, anirem mostrant un formulari o l'altre segons que ens convingui.

Finalment, cal dir que els diàlegs es poden mostrar de dues maneres:

- Modal: Exigeix que l'usuari respongui al diàleg per poder continuar amb l'execució.
- No modal: No exigeix que l'usuari respongui al diàleg, de manera que es comporta com una finestra independent. L'usuari pot canviar entre una i altra finestra sense cap problema.

Per mostrar un diàleg de manera modal, s'utilitza el mètode ShowDialog, mentre que per mostrar-lo de manera no modal, és amb el mètode Show.

Capítol VI

ASP.NET

En aquest capítol s'introdueix la tecnologia ASP.NET, que permet crear aplicacions web. Després de la visió general sobre ASP.NET i un repàs d'alguns dels controls més utilitzats, s'ofereix una introducció a AJAX, que permet millorar l'experiència d'usuari en les aplicacions web.

1. Introducció

ASP.NET és un *framework* per a la creació d'aplicacions web, en què es pot programar en qualsevol dels llenguatges de .NET. Va aparèixer l'any 2002 i és la tecnologia successora d'Active Server Pages (ASP)[22] que existeix des de 1996.

ASP.NET ofereix múltiples avantatges en comparació amb l'antiga ASP:

- ASP.NET s'integra totalment amb .NET i les seves pàgines es poden programar en qualsevol dels llenguatges de .NET, fent ús de la programació orientada a esdeveniments.
- ASP.NET ofereix un conjunt molt més ric de controls.
- ASP era interpretat, mentre que ASP.NET és compilat. Això ofereix múltiples avantatges, com un rendiment molt millor i una depuració molt més potent.

22. Les pàgines ASP contenen *scripts* programats habitualment en VBScript.

* La configuració i el desplegament d'aplicacions ASP.NET és molt més senzill, ja que la configuració té lloc en únic arxiu de text, i per fer el desplegament n'hi ha prou amb copiar els arxius en el directori corresponent.

Les pàgines ASP.NET es denominen *web forms* (formularis web) i són arxius amb extensió .aspx. Aquests arxius estan formats bàsicament per marques XHTML estàtic, i també per marques ASPX, que li donen el comportament dinàmic. Un formulari web és una classe derivada de System.Web.UI.Page, amb un conjunt de propietats, mètodes i esdeveniments:

* Propietats: Permeten per exemple canviar l'aparença d'un formulari (el títol, el color de fons, els estils CSS, etc.).
* Mètodes: Exposen el comportament del formulari.
* Esdeveniments: Permeten interactuar amb el formulari i associar el codi que s'ha d'executar quan es produeixin aquests esdeveniments.

El disseny i la programació de formularis web és molt similar a WinForms, de manera que un formulari conté un conjunt de controls que formen la interfície d'usuari i aquests responen a una sèrie d'esdeveniments als quals s'associa el codi corresponent.

La pàgina ASP.NET següent conté un botó. En fer-hi clic, es mostra el missatge "HOLA!":

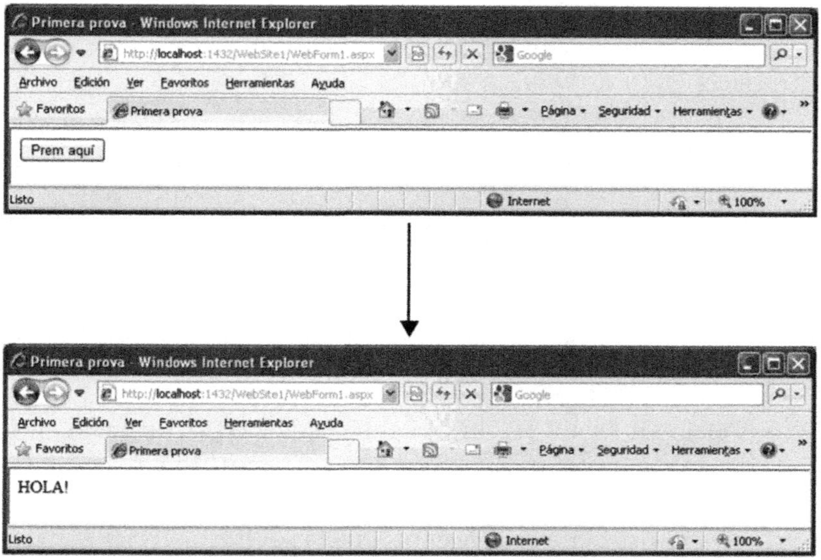

Figura 9. Primera aplicació ASP.NET

El codi corresponent és el següent:

WebForm1.aspx:

Conté el codi XHTML de la pàgina, barrejat amb codi ASP.NET.

```
<%@ Page Language="C#" AutoEventWireup="true"
CodeFile="WebForm1.aspx.cs" Inherits="WebForm1" %>

<!DOCTYPE html PUBLIC "-//W3C//DTD XHTML 1.0
Transitional//EN"
"http://www.w3.org/TR/xhtml1/DTD/xhtml1-transitional.dtd">

<html xmlns="http://www.w3.org/1999/xhtml">
<head runat="server">
<title>Primera prueba</title>
</head>
<body>
```

```
<form id="form1" runat="server">
<asp:Button ID="Button1" runat="server" Text="Pulsa aquí."
onclick="Button1_Click" />
<asp:Label  ID="Label1" runat="server">
</asp:Label>
</form>
</body>
</html>
```

- L'element Page indica que la pàgina utilitza el llenguatge C#, que deriva de la classe WebForm1, i que el codi C# es troba en l'arxiu WebForm1.aspx.cs.
- L'element DOCTYPE indica el DTD de XHTML utilitzat en la pàgina, que és concretament XHTML Transitional.
- L'element *head* fa referència a la capçalera de la pàgina XHTML, on s'indica per exemple el títol de la pàgina.
- En el cos de la pàgina hi ha un formulari que conté un botó i una etiqueta. En tots dos controls podem veure runat="server", la qual cosa indica que es processen en el servidor.
- El botó té associada la funció "Button1_Click" a l'esdeveniment onclick, que s'executarà quan l'usuari faci clic en el botó.

WebForm1.aspx.cs

Conté el codi dels esdeveniments de la pàgina.

```
public partial class WebForm1 : System.Web.UI.Page
{
  protected void Page_Load(object sender, EventArgs e)
  {
  }

  protected void Button1_Click(object sender, EventArgs e)
  {
```

```
        Button1.Visible = false;
        Label1.Text = "HOLA!";
    }
}
```

- La classe del formulari deriva de System.Web. UI.Page.
- El mètode Page_Load serà cridat cada vegada que es carrega la pàgina.
- El mètode Button1_Click serà cridat quan l'usuari faci clic en el botó Button1. En aquest moment, ocultarem el botó i mostrarem "HOLA!" per pantalla.

I finalment, el codi HTML que ha rebut el navegador:

```
<!DOCTYPE html PUBLIC "-//W3C//DTD XHTML 1.0 Transitional//EN"
"http://www.w3.org/TR/xhtml1/DTD/xhtml1-transitional.dtd">

<html xmlns="http://www.w3.org/1999/xhtml">
<head>
  <title>Primera prova</title>
</head>
<body>
<form id="form1" method="post" action="WebForm1.aspx">
<input type="hidden" id="__VIEWSTATE" value="..." />
  <span id="Label1">HOLA!</span>
</form>
</body>
</html>
```

- El formulari form1 és de tipus post per defecte i l'*action* apunta a la pàgina WebForm1.aspx, que serà on s'enviarà la sol·licitud quan l'usuari faci clic en el botó.

- Tota pàgina conté per defecte un element VIEWSTATE de tipus *hidden*. Aquest element permet emmagatzemar les dades lliurades per l'usuari en un formulari, i així es pot persistir l'estat de la pàgina entre diverses interaccions de l'usuari.

Esdeveniment* Load *del formulari

En l'exemple següent es mostra un ús típic de l'esdeveniment Load:

```
private void Form2_Load(object sender, EventArgs e)
{
  if (!Page.IsPostBack)
     Label1.Text = "Benvingut";
}
```

- L'esdeveniment Load s'executa cada vegada que es carrega la pàgina. Per tant, com que l'*action* del formulari fa referència a la pàgina mateixa, això fa que quan l'usuari fa clic en el botó, el primer esdeveniment que s'executa és Page_Load, i a continuació el Button1_Click.
- La propietat Page.IsPostBack és molt útil i permet diferenciar entre la primera vegada que s'executa l'esdeveniment Page_Load i la resta de vegades. En l'exemple anterior, la primera vegada que es carrega la pàgina es mostra el text "Benvingut".

2. Controls

ASP.NET ofereix un ampli repertori de controls que podem utilitzar en els formularis web. A continuació repassem alguns dels principals:

Controls estàndard

- Button: És un botó, que, quan s'hi fa clic, envia la petició al servidor corresponent.

- CheckBox: Permet marcar o desmarcar una certa opció.
- DropDownList: Molt semblant al control ComboBox de WinForms, en què l'usuari selecciona un valor d'un desplegable.
- Image: Permet mostrar una imatge.
- Label: Permet mostrar un text.
- ListBox: Permet seleccionar un o múltiples valors d'una llista.
- RadioButton: Element similar al CheckBox, però amb la diferència que si n'hi ha diversos, l'usuari només en pot seleccionar un.
- TextBox: Permet que l'usuari escrigui un text.

Controls de dades

Conjunt de controls encarregats de la connexió amb l'origen de dades, i també de la consulta i manipulació d'aquestes dades.

- SqlDataSource: Permet connectar amb qualsevol base de dades relacional a la qual es pugui accedir mitjançant un proveïdor ADO.NET, ja sigui ODBC, OLE DB, SQL-Server o Oracle. El seu objectiu és reemplaçar el codi ADO.NET necessari per establir una connexió i definir la sentència SQL que s'ha d'executar.
- XmlDataSource: Permet enllaçar amb un document XML i fer consultes mitjançant XPath.
- GridView: És el successor del control DataGrid d'ASP.NET i permet editar dades en forma tabular. De manera senzilla podem modificar o eliminar dades, seleccionar una certa fila, paginar, etc.
- DetailsView: Control similar al GridView, però que només permet treballar amb un únic registre al mateix temps.

Controls de validació

Conjunt de controls que faciliten la validació de les dades entrades per l'usuari en un formulari. Per a més seguretat, aquests controls fan una primera validació en el navegador per mitjà de Javascript i després una segona validació en el servidor.

- RequiredFieldValidator: Assegura que l'usuari no pugui deixar en blanc un camp obligatori.
- RangeValidator: Comprova que el valor entrat per l'usuari estigui dins d'un cert rang de valors.
- RegularExpressionValidator: Comprova que el valor entrat per l'usuari compleixi una certa expressió regular.

Controls de *login*

Conjunt de controls encarregats de les funcionalitats d'autenticació d'usuaris, com l'entrada de l'usuari i la contrasenya, la creació d'usuaris, el canvi de contrasenya, la restauració de la contrasenya en cas de pèrdua, etc.

Controls de navegació

Són els controls que faciliten la navegació de l'usuari per l'aplicació.

- SiteMapPath: Mostra un conjunt d'enllaços representant la pàgina actual de l'usuari, i el camí jeràrquic de tornada a la pàgina arrel de la web.
- Menu: Permet afegir un menú a l'aplicació.
- TreeView: Permet representar un conjunt d'elements organitzats jeràrquicament en forma d'arbre.

Controls de Web Parts

Nou conjunt de controls disponibles a partir d'ASP.NET 2.0, que permeten a l'usuari personalitzar el contingut i l'aspecte de les pàgines web. Alguns d'aquests controls són els següents:

- WebPartManager: Gestiona tots els *webparts* d'una pàgina.
- CatalogZone: Permet crear un catàleg de controls *webpart* que l'usuari pot seleccionar i afegir a la pàgina.
- EditorZone: Permet a l'usuari editar i personalitzar els controls *webpart* d'una pàgina.

- WebPartZone: Conté tots els controls *webpart* que s'hagin inclòs a la pàgina.

Controls HTML

Controls que permeten treballar amb elements simples HTML, com ara taules, enllaços, imatges, botons, etc. La diferència amb els controls estàndard d'ASP.NET és que els HTML generen el mateix codi HTML independentment del navegador del client, mentre que els ASP.NET generen un codi HTML en funció del navegador del client.

Controls d'usuari

Finalment, també podem crear els nostres propis controls d'usuari de manera molt senzilla. Per a això, cal crear un projecte web de tipus ASP.NET i afegir-hi un nou element de tipus "Web User Control". Això afegeix al projecte un arxiu .ascx, que serà on crearem el nou control d'usuari. Una vegada acabat el treball, en compilar el projecte, obtindrem un arxiu amb extensió .dll, corresponent al nou control d'usuari, que podrem afegir al tauler de control de Visual Studio.

3. AJAX

Introducció a AJAX[23]

Històricament, les aplicacions d'escriptori sempre han ofert una interacció amb l'usuari molt més rica que les aplicacions web. En contrapartida, les aplicacions web no s'han d'instal·lar i ens asseguren que els usuaris sempre tenen l'última versió de l'aplicació, ja que tan sols cal actualitzar-la una única vegada en el servidor.

23. AJAX, de l'anglès Asynchronous Javascript and XML

En canvi, amb l'aparició d'AJAX el tema ha canviat, ja que és possible crear aplicacions web que ofereixin una rica interacció amb l'usuari. En realitat, les tecnologies que han habilitat l'aparició d'AJAX existeixen des de fa més d'una dècada, ja que es tracta bàsicament de Javascript i XML. No obstant això, fa poc que se'ls ha tret tot el partit, amb aplicacions com Google Gmail, Microsoft Outlook Web Access, Flickr, etc.

En desenvolupar una aplicació AJAX, en lloc de dissenyar-la com una sèrie de pàgines enllaçades (on simplement, en acabar de processar una pàgina, es mostra la següent), s'utilitza Javascript per mantenir una comunicació asíncrona amb el servidor web i així poder actualitzar parts de les pàgines de forma dinàmica. A manera d'exemple, si l'usuari selecciona un país en un desplegable de països, de forma transparent a l'usuari té lloc una comunicació amb el servidor, en què se li envia el país i el servidor retorna una llista de ciutats d'aquest país. Posteriorment, podem sol·licitar a l'usuari que seleccioni una ciutat d'aquest país (això haurà tingut lloc sense haver recarregat la pàgina completa, cosa que hauria estat el procediment habitual).

ASP.NET AJAX és el nom de la solució AJAX de Microsoft i fa referència a un conjunt de tecnologies de client i de servidor que faciliten l'ús de tecnologia AJAX en .NET. La figura següent mostra de manera esquemàtica els components de les aplicacions AJAX en .NET:

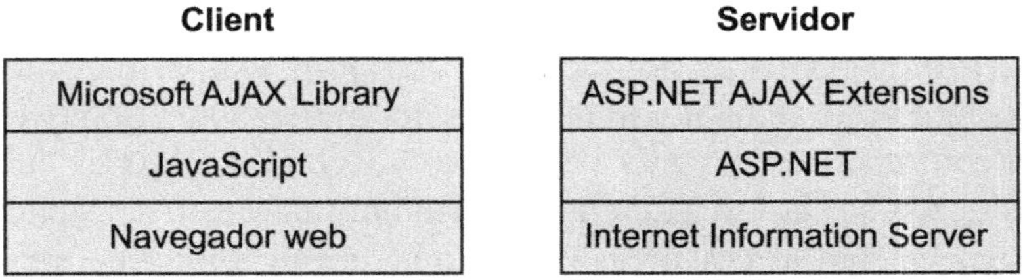

Figura 10. Components d'AJAX en el client i servidor

D'una banda, en el client disposem de Microsoft AJAX Library, una llibreria Javascript que funciona en múltiples navegadors i que facilita el desenvolupament amb Javascript. L'utilitzarem per interactuar amb el DOM, actualitzar porcions de la pàgina dinàmicament, fer comunicacions asíncrones amb el servidor, etc. De fet, el gran avantatge de Microsoft AJAX Library és que ofereix una capa orientada a objectes d'alt nivell, que evita tota la tediosa programació Javascript a baix nivell.

D'altra banda, en el servidor disposem d'ASP.NET AJAX Extensions, que està construït per sobre dels controls i classes d'ASP.NET i ens permet fer ús de la Microsoft AJAX Library.

Actualitzacions parcials de pàgines

El control UpdatePanel és un control contenidor que permet marcar les porcions d'una pàgina que s'han d'actualitzar asíncronament. Quan algun dels controls de dins de l'UpdatePanel genera un enviament al servidor (per exemple, en fer clic en un botó), podem iniciar una comunicació asíncrona amb el servidor i actualitzar únicament aquesta porció de pàgina. El fet que sigui asíncron vol dir que l'usuari podrà seguir utilitzant la pàgina i interactuar amb la resta de controls mentre esperem rebre la resposta del servidor. Quan tinguem la resposta, actualitzarem la porció de pàgina corresponent d'una forma molt suau a la vista, de manera que l'usuari no notarà cap parpalleig ni recàrrega de la pàgina.

A continuació s'indiquen els passos que s'han de seguir per fer un exercici molt simple amb AJAX i començar a entendre'n el funcionament més bàsic.

1. Creeu un projecte web de tipus ASP.NET
2. Afegiu al projecte una pàgina de tipus "Web Form".
3. Afegiu a la pàgina un control de tipus ScriptManager, que és necessari en tota pàgina amb AJAX, ja que és l'encarregat de gestionar el refrescament parcial de la pàgina.
4. Afegiu sota un control Label i al seu costat un control Button.

5. Afegiu sota un control UpdatePanel i dins d'aquest control, afegiu un altre nou control Label, i al seu costat un altre Button.
6. Feu doble clic sobre el formulari i en l'esdeveniment Page_Load afegiu el codi següent:

```
protected void Page_Load(object sender, EventArgs e)
{
  Label1.Text = DateTime.Now.ToLongTimeString();
  Label2.Text = DateTime.Now.ToLongTimeString();
}
```

En executar la pàgina hauríem d'obtenir alguna cosa així com:

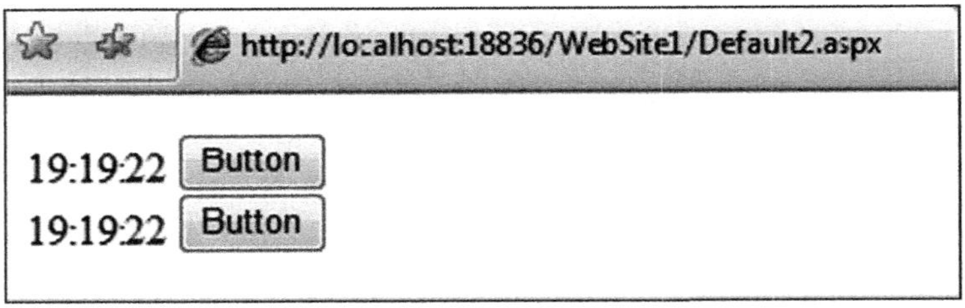

Figura 11. Exemple senzill amb un UpdatePanel

En la pàgina tenim dues etiquetes i dos botons, en què l'etiqueta i el botó de la part inferior estan situats dins del control UpdatePanel. Per tant, en fer clic en el botó superior observarem com té lloc una petició normal al servidor; es refresca la pàgina sencera i es mostren les dues hores actualitzades.

En canvi, en fer clic en el botó inferior, s'inicia una comunicació asíncrona amb el servidor, que retorna el valor de l'hora inferior i únicament aquesta és actualitzada pel navegador. Haurem pogut observar que en aquest últim cas, l'actualització ha estat molt suau i no s'ha produït cap recàrrega de la pàgina.

Les possibilitats de Microsoft AJAX Library són extenses i queden fora de l'abast d'aquest llibre. Per obtenir-ne més informació, consulteu la bibliografia recomanada.

AJAX Control Toolkit

AJAX Control Toolkit és un projecte de codi obert, al qual contribueixen empleats de Microsoft i també altres empreses. El seu objectiu és crear un ric conjunt de controls que facin ús d'AJAX. Es pot trobar tota la informació en l'adreça següent:

http://www.asp.net/ajax/ajaxcontroltoolkit

El Toolkit incorpora tant nous controls com extensors que s'associen a controls ja existents, i hi afegeixen diverses característiques AJAX. En accedir a la pàgina prèviament indicada, és possible consultar una llista de tots els controls del Toolkit, juntament amb una demostració del seu funcionament i informació explicativa.

Vegem alguns dels controls del Toolkit:

- Animation: Permet fer múltiples animacions en funció de les accions de l'usuari. És possible moure un element, canviar-lo de mida, ocultar-ho, etc.
- Accordion: Permet tenir un conjunt de taulers i mostrar un o l'altre amb un efecte similar a l'utilitzat en Microsoft Outlook.
- AlwaysVisibleControl: Permet fer que un control sigui sempre visible en una posició fixa de pantalla, independentment que l'usuari faci *scroll* a dalt o a baix.
- Calendar: Apareix una finestra emergent amb un calendari i permet a l'usuari seleccionar una data.
- CollapsiblePanel: Control similar a l'Accordion, però que únicament treballa amb un tauler, que es mostra o s'oculta fent clic en en un botó. És molt útil per ocultar una porció de pàgina que de vegades l'usuari no vol consultar.

- ConfirmButton: Mostra un diàleg emergent que ens sol·licita confirmar una certa acció.
- ResizableControl: Permet que l'usuari pugui canviar la mida d'un element.
- Tabs: Permet mostrar el contingut de la pàgina classificat en diferents pestanyes.

Capítol VII

WPF

En aquest capítol s'introdueix la nova tecnologia WPF (Windows Presentation Foundation). WPF està basat en XML i permet crear potents interfícies d'usuari, tant en aplicacions d'escriptori com per a entorns web (WPF Browser o Silverlight).

1. Introducció

WPF permet dissenyar interfícies gràfiques d'usuari més espectaculars que WinForms, però no està pensat per a aplicacions que requereixin un ús intensiu de gràfics o 3D, com per exemple jocs. En aquest camp les tecnologies més adequades segueixen sent DirectX o OpenGL.

Windows Presentation Foundation (WPF) va aparèixer l'any 2006 formant part de .NET Framework 3.0 i Windows Vista. WPF és l'evolució de Windows Forms, que probablement amb el temps sigui descontinuat per Microsoft i se centri en les millores per a WPF.

Encara que WPF està pensat per crear aplicacions d'escriptori, hi ha variants per fer ús de WPF en entorns web:

- XBAP[24] o WPF Browser: Són aplicacions WPF que s'executen dins d'un navegador web (actualment Internet Explorer o Firefox) en entorn Windows. Es poden utilitzar totes les característiques de WPF, però cal tenir en compte que, com que es-

24. XBAP, de l'anglès XAML Browser Application.

tan dins d'un navegador, les aplicacions estan en un entorn de seguretat restringit.
- Silverlight: Subconjunt de WPF per a la creació d'aplicacions web. A diferència de XBAP, Silverlight està dissenyat per ser multiplataforma.[25] Una altra diferència és que Silverlight és molt lleuger, amb la qual cosa el *plug-in* requerit és molt més ràpid d'instal·lar.

Característiques

Algunes de les característiques més interessants de WPF són les següents:

- WPF integra múltiples tecnologies, com per exemple processament gràfic 2D, 3D, vídeo, àudio, etc.
- WPF utilitza internament DirectX, per la qual cosa es beneficia de totes les seves característiques de gràfics vectorials, característiques avançades de visualització, tècniques 3D, acceleració per maquinari, etc.
- Les interfícies gràfiques de WPF es poden definir declarativament amb el llenguatge XAML (eXtensible Application Markup Language), la qual cosa permet separar la interfície gràfica de la lògica de l'aplicació.
- WPF és interoperable amb WinForms i amb Win32.
- WPF permet una fàcil implantació, ja que, com que és.NET, n'hi ha prou simplement amb copiar els ensamblats.

Eines de desenvolupament

Si bé l'entorn de programació WPF és Visual Studio, Microsoft ha introduït l'entorn de disseny Expression Blend, pensat per als dissenyadors gràfics. El seu ús no requereix tenir coneixements de programació.

25. Ja està disponible Moonlight, que és una implementació de codi obert de Silverlight per a sistemes Linux.

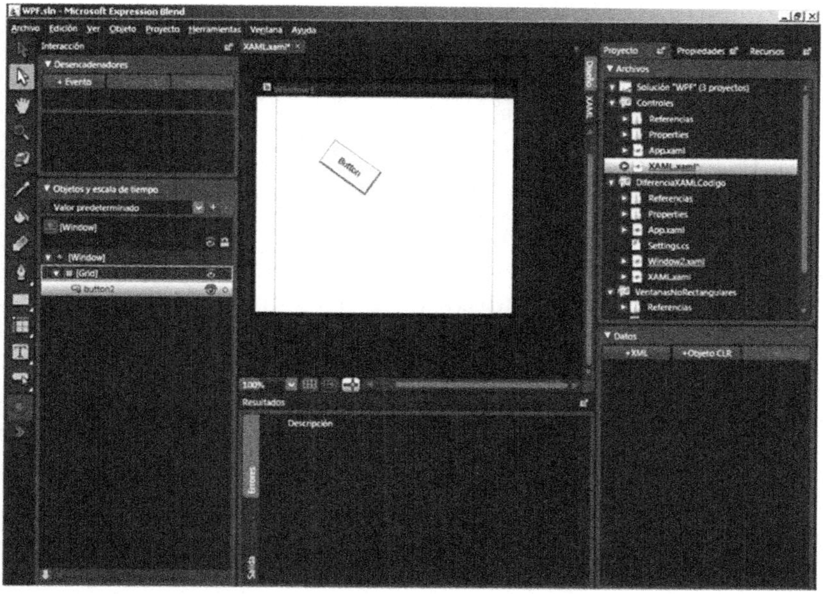

Figura 12. Expression Blend

De fet, Expression Blend forma part del paquet d'eines de disseny anomenat Microsoft Expression Studio, que inclou:

- Expression Web: Eina per a la creació d'interfícies web amb HTML. És l'aplicació successora de FrontPage, que ja ha estat descontinuat per part de Microsoft.
- Expression Blend: Eina per a la creació d'interfícies gràfiques d'usuari en XAML per a aplicacions WPF o Silverlight.
- Expression Design: Eina per a la creació de gràfics vectorials. Ofereix una bona integració amb Expression Blend gràcies a la importació/exportació de codi XAML.
- Expression Media: És un organitzador de contingut multimèdia (fotos, videos o àudio). Permet categoritzar i afegir metadatos als diferents arxius.

- Expression Encoder: Aplicació per a la recodificació de vídeos. Permet triar un nivell de qualitat predefinit, un còdec i format de sortida, i previsualitzar el resultat.

XAML

XAML és un llenguatge XML que permet descriure una interfície gràfica WPF. Però no totes les aplicacions WPF necessàriament han d'utilitzar XAML, ja que és possible definir interfícies gràfiques de manera procedural (amb codi font en algun llenguatge de .NET). Vegem-ne un exemple amb un botó:

```
Button b = new Button();
b.Name = "button1";
b.Content = "Clica aquí";
b.Height = 23;
```

El codi anterior és equivalent al fragment següent de XAML:

```
<Button Height="23" Name="button1">
  Clica aquí
</Button>
```

Un dels motius per utilitzar XAML és que permet separar la interfície gràfica de la lògica d'aplicació. Aquesta separació permet modificar la visualització de la interfície sense afectar la lògica de l'aplicació i viceversa.

De totes maneres, encara que XAML és un llenguatge declaratiu, a l'hora de compilar una aplicació WPF, el codi XAML es converteix en una representació binària anomenada BAML (Binary Application Markup Language), més eficient i compacta, que s'inclou com a recurs dins de l'assemblador final.

Hi ha diverses variants de XAML. Algunes de les més conegudes són:

- XAML per a interfícies gràfiques WPF.
- XAML per definir el format de documents electrònics XPS.[26]
- XAML per a Silverlight.
- XAML per a WWF, utilitzat per definir els fluxos de treball.

Window

L'element principal d'una aplicació WPF és la finestra, representada per la classe *Window*. En crear un projecte WPF en Visual Studio, es crea automàticament un fitxer xaml amb un element *Window*:

```
<Window x:Class="Layout.Window1"
xmlns="http://schemas.microsoft.com/winfx/2006/xaml/presentat
xmlns:x="http://schemas.microsoft.com/winfx/2006/xaml"
Title="Window1" Height="300" Width="300">
<!-- Contingut de la finestra -->
</Window>
```

En WPF els controls no estan subjectes a una resolució de pantalla concreta, de manera que podem escalar una interfície sense perdre qualitat de visualització, i mantenint la distribució dels controls. Per organitzar els controls s'utilitzen uns contenidors anomenats panells, que distribueixen els controls del seu interior seguint un determinat patró.

Controls contenidors

A continuació veurem alguns dels principals controls contenidors de WPF, com ara el Grid, Canvas i StackPanel.

26. De l'anglès, XML Paper Specification. És un format de documents desenvolupat per Microsoft i similar a PDF. Windows Vista disposa d'una impressora XPS, i també d'un visor de XPS integrat en Internet Explorer.

Grid

El Grid és un contenidor molt flexible quant a l'organització dels controls, ja que permet definir diverses files i columnes en forma de taula, on posteriorment se situen els diferents controls.

Al principi hi ha una secció RowDefinitions i ColumnDefinitions, on es defineixen el nombre de files i columnes, i també les seves mesures o proporcions.[27] A continuació, situem cada control en la fila o columna que correspongui, amb les propietats Grid.Row i Grid.Column. A més, amb les propietats RowSpan i ColumnSpan podem indicar si un control ocupa diverses files o columnes:

```
<Grid>
<Grid.RowDefinitions>
<RowDefinition Height="2*"/>
<RowDefinition Height="*"/>
</Grid.RowDefinitions>
<Grid.ColumnDefinitions>
<ColumnDefinition Width="100"/>
<ColumnDefinition />
</Grid.ColumnDefinitions>
<Button Name="Button1" Content="Botó1" Grid.Row="0"
      Grid.Column="0" Background="LightBlue"/>
<Button Name="Button2" Content="Botó2" Grid.Row="0"
      Grid.Column="1" Background="LightCoral"
      Grid.RowSpan="2"/>
<Button Name="Button3" Content="Botó3" Grid.Row="1"
      Grid.Column="0" Background="LightSalmon"/>
</Grid>
```

27. Les proporcions s'indiquen amb el caràcter asterisc (*). En l'exemple, la primera fila té una altura de 2*, la qual cosa significa que serà el doble d'alta que la resta.

En executar l'aplicació, podem comprovar que el botó 2 ocupa les dues files a causa del RowSpan, i el botó 1 és el doble d'alt que el botó 3:

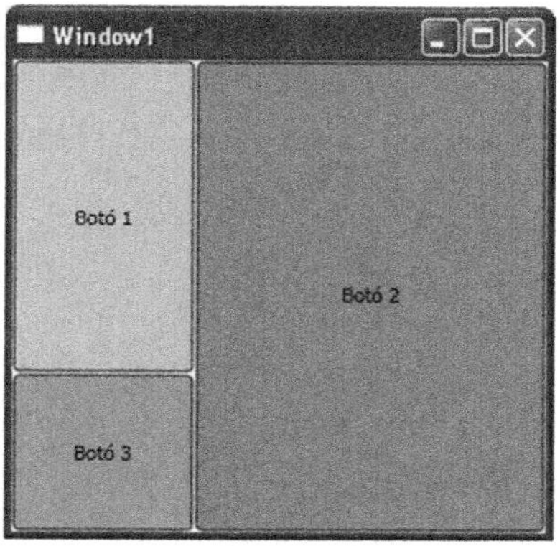

Figura 13. Exemple de tauler Grid

Canvas

En un panell de tipus *Canvas* els controls se situen en relació a la seva distància amb alguna de les cantonades del panell. Vegem un exemple:

```
<Canvas Name="canvas1">
<Button Canvas.Left="30" Canvas.Top="10"
      Background="Red" Width="60">1</Button>
<Button Canvas.Left="110" Canvas.Bottom="10"
      Background="LightBlue" Width="60">2</Button>
<Button Canvas.Right="30" Canvas.Top="10"
      Background="Orange" Width="60">3</Button>
</Canvas>
```

En executar l'aplicació, podem comprovar com es mantenen les distàncies a les vores independentment de la mida de la finestra:

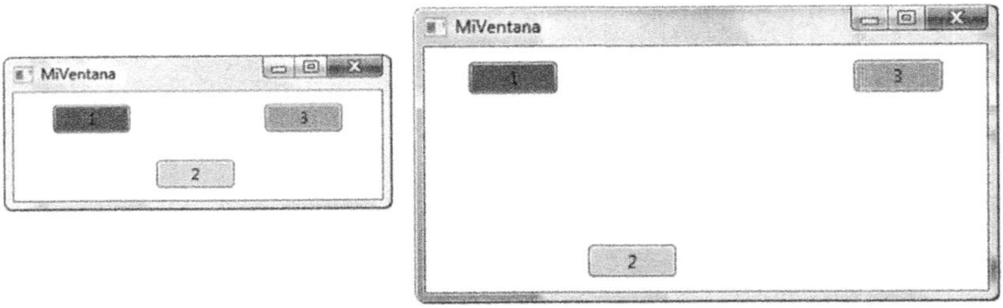

Figura 14. Exemple de tauler Canvas

StackPanel

El panell *StackPanel* distribueix els controls situats en el seu interior en forma de pila, seqüencialment. L'exemple següent utilitza un *StackPanel* per distribuir diferents botons:

```
<StackPanel Name="stack1" Orientation="Vertical">
  <Button Background="Red">      1</Button>
  <Button Background="Orange">   2</Button>
  <Button Background="Yellow">   3</Button>
  <Button Background="Blue">     4</Button>
</StackPanel>
```

La propietat *Orientation* del tauler indica l'orientació que prenen els components, que pot ser *Vertical* o *Horitzontal*. La figura següent mostra el resultat del codi anterior amb els dos tipus d'orientació:

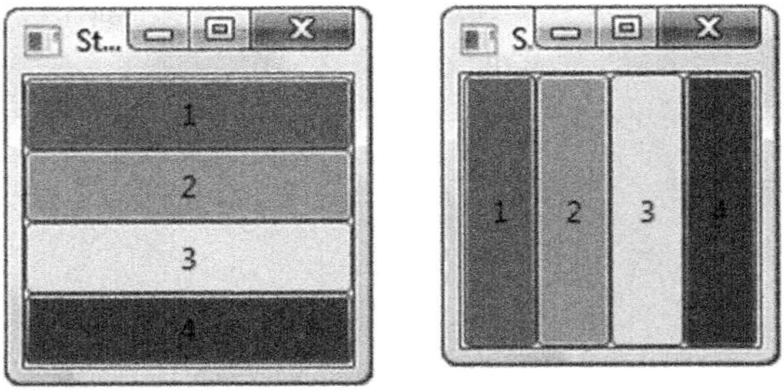

Figura 15. Exemple de tauler StackPanel

ScrollViewer

El control ScrollViewer no és un panell en si, però es pot combinar amb un panell per afegir la funcionalitat de barres de desplaçament als components que conté.

El control ScrollViewer es pot utilitzar no solament amb panells sinó també amb altres controls, per exemple el codi següent utilitza un ScrollViewer per fer *scroll* d'una imatge:

```
<ScrollViewer HorizontalScrollBarVisibility="Auto">
   <Image Source="flor_ametller.jpg"/>
</ScrollViewer>
```

Esdeveniments

En el WPF tots els controls disposen d'un esdeveniment Loaded, que correspon a quan el control ha estat inicialitzat i és a punt per ser renderitzat. Un esdeveniment molt utilitzat és el Window_Loaded, ja que és l'esdeveniment que apareix per defecte en fer clic sobre el fons d'una finestra en Visual Studio:

```
private void Window_Loaded(object o, RoutedEventArgs e)
{
}
```

A part d'aquest esdeveniment, de manera molt similar a Windows Forms, els controls WPF disposen d'un ampli ventall d'esdeveniments, com per exemple en prémer el botó del ratolí, prémer una tecla, guanyar/perdre el focus, etc.

WPF incorpora com a novetat l'encaminament d'esdeveniments, que ofereix gran flexibilitat per gestionar els esdeveniments de l'arbre visual d'elements que formen la interfície d'usuari.

Tots els controls d'una finestra o pàgina WPF formen una estructura jeràrquica denominada arbre visual. A manera d'exemple, mostrem el codi XAML d'una pàgina, amb l'arbre visual corresponent:

```
<Window>
   <Grid>
      <Label>
      </Label>
   </Grid>
</Window>
```

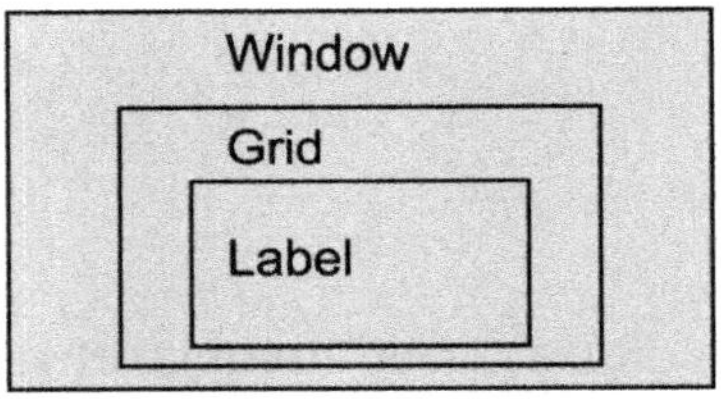

Figura 16. Arbre visual d'elements

En WPF hi ha tres tipus d'esdeveniments:

- Direct: És el funcionament clàssic que hi havia en Windows Forms, on solament es notifica a l'element mateix que va originar l'esdeveniment.
- Tunnel: L'esdeveniment travessa l'arbre visual de dalt a baix, començant per l'arrel i acabant en l'element que va originar l'esdeveniment. Per convenció, aquests esdeveniments tenen el prefix "Preview".
- Bubble: L'esdeveniment travessa l'arbre visual de baix a dalt, començant en l'element que va originar l'esdeveniment i acabant en l'arrel.

En l'exemple següent mostrem els esdeveniments en funcionament. Per a això, associem una mateixa funció genèrica als esdeveniments MouseDown (de tipus Bubble) i PreviewMouseDown (de tipus Tunnel) dels elements Window, Grid i Label, i observarem en quin ordre s'executen les funcions:

- Codi de l'arxiu Esdeveniments.xaml

```
<Window Name="window1"
    PreviewMouseDown="GenericRoutedEventHandler"
    MouseDown="GenericRoutedEventHandler">

    <Grid Name="grid1"
        PreviewMouseDown="GenericRoutedEventHandler"
        MouseDown="GenericRoutedEventHandler">

        <Label Content="Clica aquí" Name="label1"
        PreviewMouseDown="GenericRoutedEventHandler"
        MouseDown="GenericRoutedEventHandler">
        </Label>
    </Grid>
</Window>
```

- Codi de l'arxiu Esdeveniments.xaml.cs

```
private void GenericRoutedEventHandler(object sender,
RoutedEventArgs e)
{
    string name = ((FrameworkElement)sender).Name;
    Console.WriteLine(name + "\t" +
        e.RoutedEvent.Name + "\t" +
        e.RoutedEvent.RoutingStrategy);
}
```

En executar l'aplicació i fer clic amb el botó esquerre del ratolí sobre l'element label1, obtenim la sortida següent:

window1	PreviewMouseDown	Tunnel
grid1	PreviewMouseDown	Tunnel
label1	PreviewMouseDown	Tunnel
label1	MouseDown	Bubble
grid1	MouseDown	Bubble
window1	MouseDown	Bubble

En primer lloc s'ha produït l'esdeveniment PreviewMouseDown, que, com que és de tipus Tunnel, ha començat el seu recorregut en l'arrel de l'arbre (la finestra), després grid1 i finalment label1. En canvi, l'esdeveniment MouseDown segueix l'ordre invers, ja que comença en l'element on s'ha originat l'esdeveniment (label1) i acaba en la finestra.

Val la pena comentar que l'exemple anterior ha estat dissenyat per mostrar la propagació d'esdeveniments en WPF, però en les aplicacions WPF el més usual és parar la propagació de l'esdeveniment en un o altre punt.

2. Controls

El tipus i la funció dels controls predefinits[28] de WPF és molt similar al de WinForms, encara que els de WPF ofereixen molta més flexibilitat. Per exemple, els controls de WPF permeten afegir com a contingut d'un control altres controls. En realitat cada control només pot tenir un control en el seu interior, però si aquest control és un tauler, dins d'aquest es poden organitzar nous controls, amb

28. A part dels controls inclosos en el .NET Framework, hi podem afegir molts altres controls (n'hi ha tant de gratuïts com de comercials) o crear els nostres propis controls.

la qual cosa es multipliquen les combinacions possibles. A continuació, repassarem els controls principals de WPF:

- Label: Etiqueta per mostrar un text a l'usuari.
- TextBox: És el control més comú d'introducció de dades.
- PasswordBox: Permet a l'usuari introduir *passwords* de manera segura. El *password* introduït per l'usuari es pot obtenir per mitjà de la propietat Password, que ens retorna un objecte SecureString (és com un String, però s'emmagatzema xifrat en la memòria).
- Button: És un botó. El seu contingut no té per què ser exclusivament text, sinó que hi podem posar qualsevol tipus de contingut.

En l'exemple següent s'utilitza un StackPanel per agrupar una imatge i una etiqueta dins del botó:

```
<Button Name="button1" Height="23" Width="73">
   <StackPanel Orientation="Horizontal">
      <Image Source="cancelar.jpg" Width="24"/>
      <Label Content="Cancelar"/></StackPanel>
</Button>
```

Figura 17. Botó amb imatge i text

- CheckBox: És un botó que pot estar marcat o no, i obtenim aquest valor amb la propietat IsChecked.
- RadioButton: És similar al CheckButton, però amb la diferència que mentre que diversos CheckBox poden estar activats alhora, només un RadioButton d'entre els pertanyents a un mateix grup pot estar activat. Si no hi ha cap grup, l'agrupació es faria entre tots els RadioButton d'un mateix panell.

* RichTextBox: És similar al TextBox, però més potent, ja que permet editar text amb format.
* ListBox: mostra un conjunt d'elements en forma de llista.

```
<ListBox Name="listBox1">
  <ListBoxItem>Element 1</ListBoxItem>
  <ListBoxItem>Element 2</ListBoxItem>
  <ListBoxItem>Element 3</ListBoxItem>
  <ListBoxItem>Element 4</ListBoxItem>
</ListBox>
```

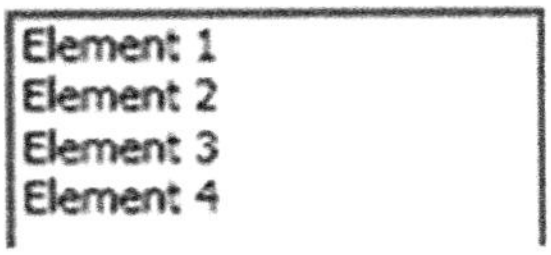

Figura 18. Control ListBox

* ComboBox: Similar al ListBox, amb la diferència que és una llista desplegable i l'usuari només pot seleccionar un element.
* ListView: Permet mostrar dades d'una llista en diverses columnes.

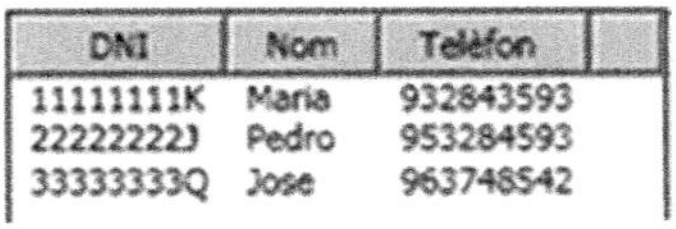

Figura 19. Control ListView

* Expander: Permet agrupar un conjunt de controls i l'usuari el pot contreure o expandir fent clic en un botó.

```
<Expander Header="Opciones">
   <StackPanel>
      <CheckBox>Opció 1</CheckBox>
      <CheckBox>Opció 2</CheckBox>
      <CheckBox>Opció 3</CheckBox>
   </StackPanel>
</Expander>
```

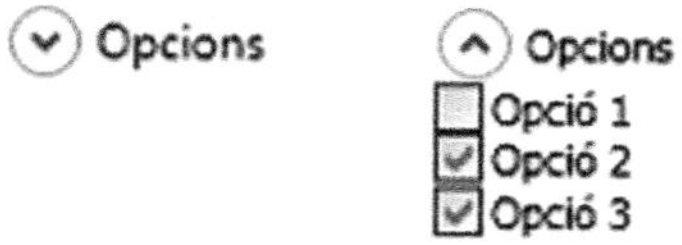

Figura 20. Expander contret i expandit

- TabControl: Permet organitzar contingut en forma de pestanyes. Els elements d'un control *TabControl* són de tipus *TabItem* i cadascun correspon a una pestanya del control.

```
<TabControl>
  <TabItem Header="Tab 1">Aquest és el tab 1</TabItem>
  <TabItem Header="Tab 2">Aquest és el tab 2</TabItem>
  <TabItem Header="Tab 3">Aquest és el tab 3</TabItem>
</TabControl>
```

- Menu: Permet crear menús fàcilment. Dins del *Menu* s'afegeix un element MenuItem per a cada menú que es vulgui crear i hi podem afegir una barra separadora amb un element Separator.

```
<Menu Height="22" Name="menu1" VerticalAlignment="Top">
   <MenuItem Header="Menu 1">
      <MenuItem Header="Submenu 1.1"/>
      <MenuItem Header="Submenu 1.2"/>
      <Separator/>
      <CheckBox Content="Submenu 1.3"/>
   </MenuItem>
   <MenuItem Header="Menu 2"/>
   <MenuItem Header="Menu 3"/>
</Menu>
```

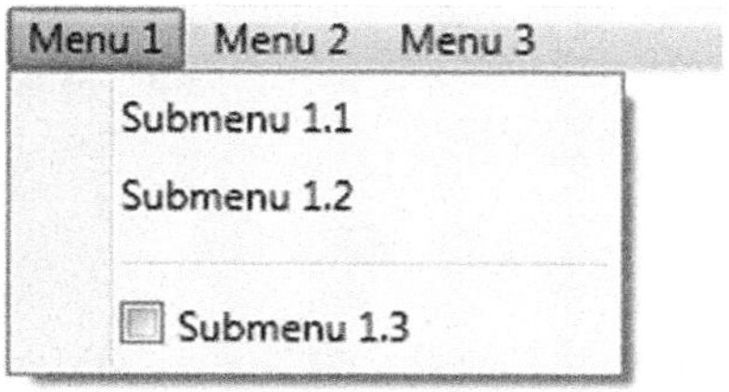

Figura 21. Control Menu

- ContextMenu: Tipus especial de menú que s'obre en fer clic amb el botó secundari del ratolí damunt d'algun control.
- TreeView: Permet mostrar un conjunt d'elements de forma jeràrquica, és a dir, en forma d'arbre.

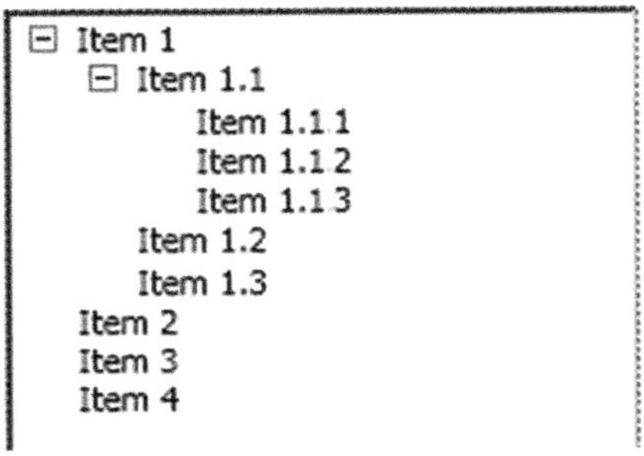

Figura 22. Control TreeView

- ToolBar: Mostra una barra d'icones o eines, formada per botons, etiquetes o altres controls que vulguem afegir. El control *ToolBar* es pot afegir a qualsevol part de la interfície gràfica, encara que generalment s'inclou en un *ToolBarTray*, el qual pot contenir diverses barres d'eines.

```
<ToolBarTray VerticalAlignment="Top">
<ToolBar Name="toolBar1">
    <Button>Accio1</Button>
<Separator/>
    <Button>Accio2</Button>
<ComboBox Width="100">
      <ComboBoxItem>Opció1</ComboBoxItem>
      <ComboBoxItem>Opció2</ComboBoxItem>
      <ComboBoxItem>Opció3</ComboBoxItem>
</ComboBox>
</ToolBar>
</ToolBarTray>
```

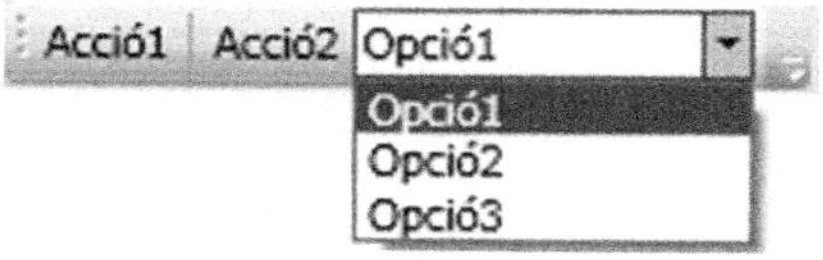

Figura 23. Control ToolBar

- ProgressBar: Mostra una barra de progrés, útil per exemple per mostrar el percentatge finalitzat d'una determinada tasca. Aquest control té les propietats *Value, Minimum* i *Maximum,* que permeten establir o consultar el valor actual mostrat en la barra, el valor corresponent al mínim (barra buida) i el valor corresponent al màxim (barra completa), respectivament:

Figura 24. Control ProgressBar

- Slider: Permet que l'usuari seleccioni un valor determinat entre el mínim i màxim establerts. La propietat TickPlacement permet visualitzar o amagar les marques de mesurament.

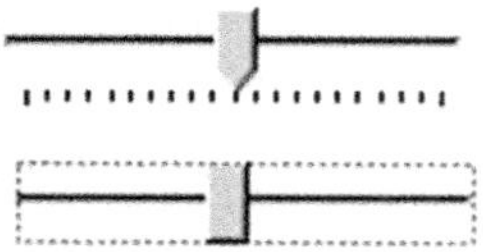

Figura 25. Control Slider amb marques de mesurament i sense.

- WindowsFormsHost: Permet executar qualsevol control WinForms en una aplicació WPF. Per fer-ho, n'hi ha prou d'afegir a la finestra WPF un control WindowsFormsHost, i incloure en el seu interior el control WinForms que s'ha d'executar.

3. Funcionalitats gràfiques i multimèdia

Vegem alguns exemples de funcionalitats gràfiques i multimèdia de WPF:

Transformacions

WPF permet fer transformacions geomètriques, com ara rotacions o translacions, als diferents elements de la interfície. Algunes de les transformacions més comunes són les següents:

RotateTransform

Permet fer la rotació d'un element de la interfície en un angle determinat. L'exemple següent mostra com fer la rotació d'un botó 25 graus a la dreta:

```
<StackPanel Width="134">
   <Button Background="Red" Height="50" Width="100"> 1
   </Button>
   <Button Background="Orange" Height="50" Width="100"> 2
      <Button.RenderTransform>
         <RotateTransform Angle="25" />
      </Button.RenderTransform>
   </Button>
   <Button Background="Yellow" Width="100" Height="50"> 3
   </Button>
</StackPanel>
```

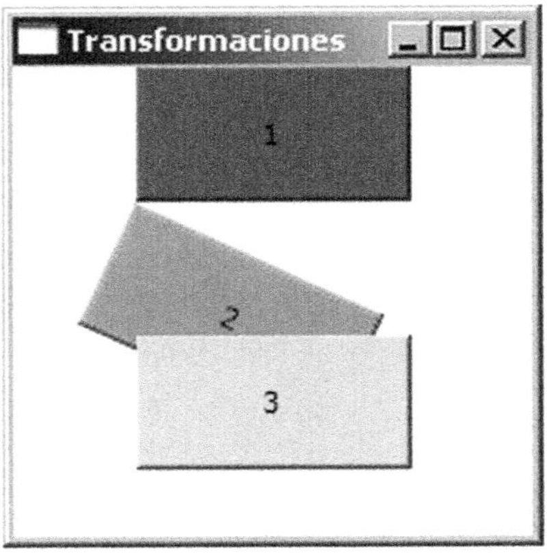

Figura 26. Rotació d'un botó

TranslateTransform

Permet traslladar un element seguint un cert vector de translació, indicat mitjançant les propietats X i Y de la classe TranslateTransform. Amb el codi següent traslladem el botó central de l'exemple anterior:

```
<Button Background="Orange" Height="50" Width="100">
   <Button.RenderTransform>
      <TranslateTransform X="50" Y="-20" />
   </Button.RenderTransform>
   2
</Button>
```

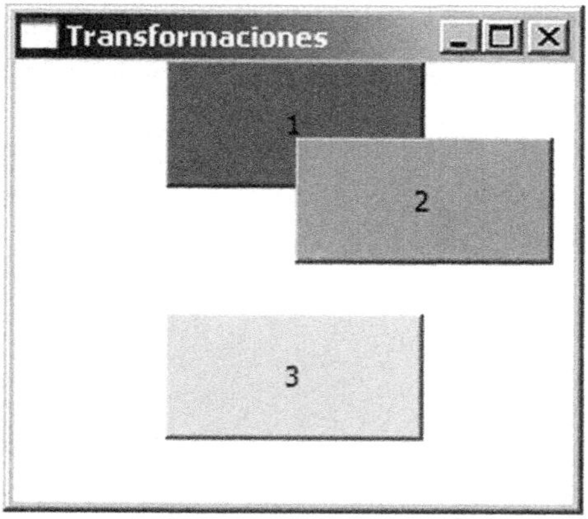

Figura 27. Translació d'un botó

ScaleTransform

Permet escalar un element en una certa proporció determinada per:

ScaleX	factor d'escalat en horitzontal
ScaleY	factor d'escalat en vertical
CenterX	coordenada X del centre d'escalat
CenterY	coordenada Y del centre d'escalat

L'exemple següent realitza un escalat del botó central amb factors d'escala d'1.5 x 2, i centre d'escalat (50,0):

```
<Button Background="Orange" Height="50" Width="100">
<Button.RenderTransform>
<ScaleTransform ScaleX="1.5" ScaleY="2" CenterX="50"/>
</Button.RenderTransform>
  2
</Button>
```

Com es pot comprovar en el resultat, l'estirament horitzontal es realitza de manera uniforme cap als dos costats, perquè la coordenada *X* del centre d'escalat se situa en el mig del botó, mentre que l'escalat vertical es realitza només cap avall perquè la coordenada *Y* del centre d'escalat s'estableix en zero per defecte:

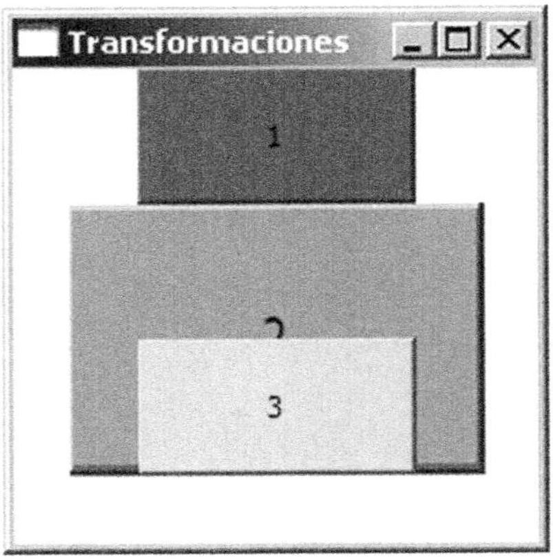

Figura 28. Aplicació de ScaleTransform

TransformGroup

Permet combinar múltiples transformacions sobre un element, que tenen lloc segons l'ordre en què s'han afegit al TransformGroup. L'exemple següent aplica una rotació i a continuació una translació:

```
<Button Background="Orange" Height="50" Width="100">
   <Button.RenderTransform>
      <TransformGroup>
         <RotateTransform Angle="45"/>
         <TranslateTransform X="50" Y="-50"/>
      </TransformGroup>
   </Button.RenderTransform>
   2
</Button>
```

El resultat de combinar les transformacions és el següent:

Figura 29. Combinació de rotació i translació

Animacions

WPF incorpora diverses classes que permeten crear animacions, entenent per animació la modificació d'una propietat durant un determinat interval de temps i entre un determinat rang de valors.

Les classes es denominen *XXXAnimation*, en què *XXX* és el tipus de dada de la propietat que s'ha d'animar. WPF suporta els tipus de dades *Char, Color, Int16, Int32, Int64, Double,* etc.

Per exemple, el codi següent fa que el botó canviï la seva amplària des de 50 fins a 200 en 2 segons:

- Codi de l'arxiu Window1.xaml

```
<Button Name="boton1" Width="50" Height="50">
   Prova
</Button>
```

- Codi de l'arxiu Window1.xaml.cs

```
private void Window_Loaded(object sender, RoutedEventArgs e)
{
   DoubleAnimation da = new DoubleAnimation();
   da.From = 50;
   da.To = 200;
   da.Duration = new Duration(new TimeSpan(0, 0, 2));
   boton1.BeginAnimation(Button.WidthProperty, da);
}
```

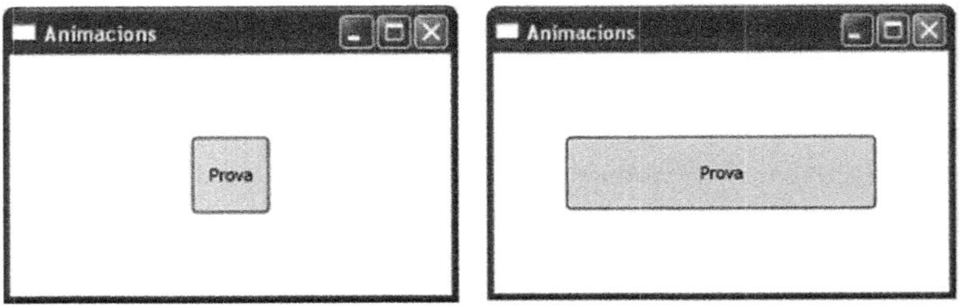

Figura 30. Inici i final de l'animació

En l'exemple següent fem la rotació d'una imatge:

- Codi de l'arxiu Window1.xaml

```
<Image Name="imagen" Source="imagen.jpg" Width="100">
</Image>
```

- Codi de l'arxiu Window1.xaml.cs

```
private void Window_Loaded(object sender, RoutedEventArgs e)
{
    DoubleAnimation da = new DoubleAnimation();
    da.From = 0;
    da.To = 360;
    da.Duration = new Duration(new TimeSpan(0, 0, 2));
    da.RepeatBehavior = RepeatBehavior.Forever;
    RotateTransform rt = new RotateTransform();
    imagen.RenderTransform = rt;
    imagen.RenderTransformOrigin = new Point(0.5, 0.5);
    rt.BeginAnimation(RotateTransform.AngleProperty, da);
}
```

Figura 31. Imatge en moviment

Àudio i vídeo

En WPF reproduir un arxiu d'àudio és tan fàcil com incloure el fragment de codi següent en l'aplicació:

```
System.Media.SoundPlayer sp;
sp = new System.Media.SoundPlayer("sonido.wav");
sp.Play();
```

I per reproduir vídeo simplement hem d'afegir un control de tipus MediaElement, al qual indiquem en la propietat Source el vídeo que s'ha de reproduir. Una vegada fet això, amb els mètodes Play, Pause i Stop de l'objecte podrem controlar la reproducció:

```
<MediaElement Name="video1" Source="video.wmv" />
```

4. WPF Browser i Silverlight

En aquest apartat tractarem les dues tecnologies que permeten crear aplicacions web mitjançant WPF, que són WPF Browser i Silverlight.

WPF Browser

Les aplicacions WPF Browser s'executen a través d'un navegador i tenen accés a totes les característiques gràfiques i multimèdia de WPF, per la qual cosa requereixen que el client tingui instal·lat el .NET Framework 3.0. De fet, en una aplicació WPF Browser podem fer gairebé el mateix que en una aplicació WPF d'escriptori. Una de les diferències més importants és que les aplicacions WPF Browser s'executen dins d'uns límits de seguretat estrictes, per la qual cosa no tenen accés ni al registre, ni al sistema de fitxers.

Les URL de les aplicacions WPF Browser corresponen a un arxiu amb extensió .xbap i, quan s'hi accedeix mitjançant un navegador, l'aplicació sencera és baixada i desada temporalment en la *cache* del navegador. Una vegada baixada en local, l'aplicació és automàticament executada pel navegador, ja que no requereix cap procés d'instal·lació.

Per desenvolupar una aplicació WPF Browser amb Visual Studio 2008, cal crear un projecte de tipus "WPF Browser Application". Una vegada creat, ja podem programar l'aplicació igual com ho faríem per a WPF, només amb la diferència que, en executar-la, es llança automàticament un navegador apuntant a l'arxiu .xbap corresponent a l'aplicació compilada.

Silverlight

Silverlight[29] també permet crear aplicacions web mitjançant WPF, però a diferència de WPF Browser[30], Silverlight és únicament un subconjunt de WPF, per la qual cosa les seves funcionalitats són molt més limitades.

Per desenvolupar una aplicació Silverlight amb Visual Studio 2008, és necessari instal·lar prèviament el paquet denominat "Silverlight Tools for Visual Studio 2008". Una vegada instal·lat, en crear un projecte de tipus "Silverlight Application", automàticament es crea una solució amb dos projectes: un projecte Silverlight, en què farem tota la implementació, i un projecte ASP.NET, que té una pàgina HTML amb la referència a l'arxiu .xap de l'aplicació Silverlight.

29. Per obtenir més informació sobre Silverlight, accediu a http://silverlight.net.

30. El motiu és que, a diferència de les aplicacions WPF Browser, les aplicacions Silverlight han de ser albergades en una pàgina HTML inicial (de manera similar a com passa per exemple amb les *applets* de Java).

Capítol VIII

Windows Mobile

Aquest capítol ofereix una introducció al desenvolupament d'aplicacions per a dispositius mòbils, i concretament per a Windows Mobile.

1. Introducció

En aquest apartat veurem quins dispositius permeten executar aplicacions .NET, i els seus sistemes operatius i eines de desenvolupament disponibles.

Dispositius

Pocket PC (abreujat PPC) és una especificació per a ordinadors de butxaca que incorporen el sistema operatiu Windows Mobile de Microsoft. A més, aquests dispositius poden treballar amb múltiples aparells afegits, com per exemple receptors de GPS, lectors de codis de barres, càmeres, etc.

Els dispositius amb telèfon i pantalla no tàctil s'anomenen *smartphones*. La diferència principal és que un *smartphone* està pensat per ser un telèfon mòbil i utilitzar-se amb una mà, mentre que un Pocket PC fa d'agenda electrònica i s'usa amb totes dues mans. De totes maneres, tendeixen a unificar-se, amb la qual cosa cada vegada és menys clara la diferència entre tots dos.

Per sincronitzar dades i comunicar-se, aquests dispositius incorporen mecanismes com USB, WiFi, Bluetooth o IrDa (infrarojos). La sincronització de les dades amb un PC es duu a terme amb el

Figura 32. Exemples de Pocket PC i *smartphones*.

programa ActiveSync de Microsoft o mitjançant el centre de sincronització de dispositius en Windows Vista.

Actualment hi ha milers d'aplicacions comercials per a Pocket PC, i també podem desenvolupar les nostres pròpies aplicacions amb C++ Embedded (per obtenir el màxim rendiment), o de manera més fàcil amb .NET.

Sistemes operatius

Windows CE és un sistema operatiu modular dissenyat per a dispositius incrustats, i amb una capacitat de procés i emmagatzematge limitada. Com que és modular, Windows CE s'ajusta a les necessitats de cada dispositiu, seleccionant i configurant únicament els components desitjats. A més, els fabricants[31] acostumen a incloure les seves pròpies aplicacions dins d'aquest sistema.

Hi ha fabricants de dispositius, com per exemple Symbol o Intermec, que en comprar els dispositius ens permeten triar entre Windows CE i Windows Mobile. Com a usuari final, podem detectar fàcilment la diferència, ja que en Windows CE el botó d'inici acostuma a estar a la cantonada inferior esquerra (com en Windows), mentre que en Windows Mobile l'inici es troba a la cantonada superior esquerra. D'altra banda, en Windows CE hi ha barra de tasques, i en Windows Mobile no n'hi ha.

31. Un exemple de dispositius amb Windows CE són els navegadors Tom Tom ONE.

El sistema operatiu utilitzat per Pocket PC i *smartphones* és Windows Mobile, que és un sistema operatiu basat en Windows CE.

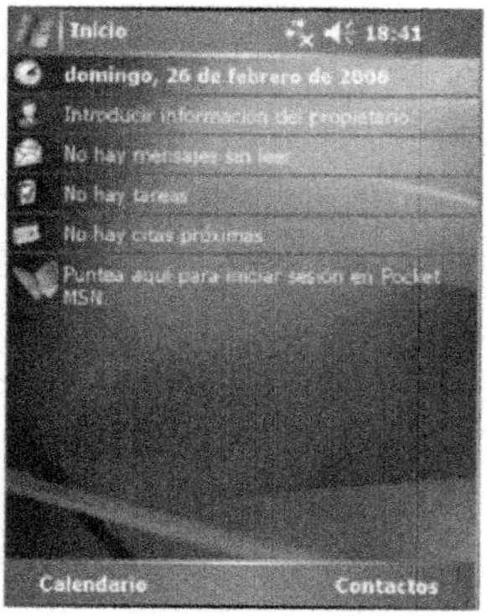

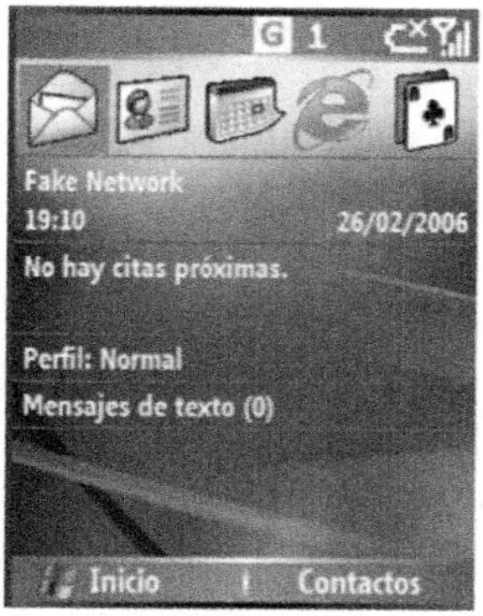

Figura 33. Pantalla d'inici de Windows Mobile per Pocket PC i SmartPhone.

En la llista següent s'enumeren les versions més recents de Windows Mobile, i la versió de Windows CE en què estan basades:

- Windows Mobile 2003 (basat en Windows CE 4.2)
- Windows Mobile 2003 Second Edition (basat en Windows CE 4.2)
- Windows Mobile 5 (basat en Windows CE 5.0)
- Windows Mobile 6 (basat en Windows CE 5.2)

Concretament, l'últim Windows Mobile té diferents edicions:

- Windows Mobile Classic (Pocket PC): Per a dispositius sense telèfon i amb pantalla tàctil.
- Windows Mobile Standard (*smartphone*): Per a dispositius amb telèfon i sense pantalla tàctil.
- Windows Mobile Professional (Pocket PC phone edition): Per a dispositius amb telèfon i també pantalla tàctil.

Eines de desenvolupament

El desenvolupament d'aplicacions .NET per a Windows Mobile es fa amb una versió més limitada del Framework, anomenada .NET Compact Framework (.NET CF), que té un nombre inferior de classes i mètodes. El .NET Framework ocupa uns 40 MB de memòria, la qual cosa és massa per als Pocket PC, que habitualment tenen 64 o 128 MB de RAM. El .NET CF permet reduir l'espai requerit a uns 4 MB de RAM, implementant aproximadament un 30% de les classes del .NET Framework.

En la documentació del .NET Framework s'identifiquen les classes i membres disponibles per al .NET CF, i també les versions concretes en què estan disponibles. En l'exemple següent es mostra la documentació de la classe Convert:

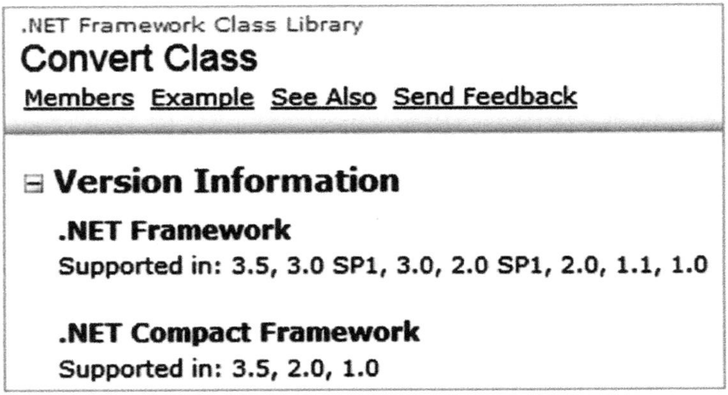

Figura 34. Documentació del .NET Framework en què s'indica la compatibilitat amb .NET CF.

Visual Studio facilita el desenvolupament d'aplicacions de .NET CF, ja que proporciona diferents tipus de projecte i dissenyadors específics per a aquesta plataforma. També permet la depuració i l'execució d'aplicacions de .NET CF de manera integrada, amb els emuladors de cada plataforma:

Figura 35. Emuladors de Windows Mobile per a Pocket PC i SmartPhone.

2. WinForms per a dispositius mòbils

El desenvolupament d'aplicacions WinForms per a dispositius mòbils està optimitzat per millorar el rendiment i reduir la mida. Per aquest motiu s'han eliminat múltiples funcionalitats poc usables per a dispositius mòbils, com drag&drop, impressió, controls ActiveX, etc.

Primera aplicació amb .NET CF

Per crear una aplicació per a dispositius mòbils usant .NET CF crearem un projecte de tipus "Smart Device" en Visual Studio. A continuació seleccionarem la plataforma de destinació[32] (Pocket PC, Smartphone, etc.), la versió de .NET CF, i el tipus de projecte que s'ha de crear.

32. Si no apareix cap plataforma de Windows Mobile 6, haurem de baixar i instal·lar el Windows Mobile 6 SDK.

Visual Studio afegeix automàticament diversos fitxers al projecte, concretament *Program.cs* (programa principal) i *Form1.cs* (un formulari). Immediatament després, s'obre el dissenyador de formularis específic per a la plataforma que hàgim seleccionat, on podrem arrossegar els controls i anar afegint el codi corresponent als diferents esdeveniments. En l'exemple següent, hem creat un projecte per a PocketPC.

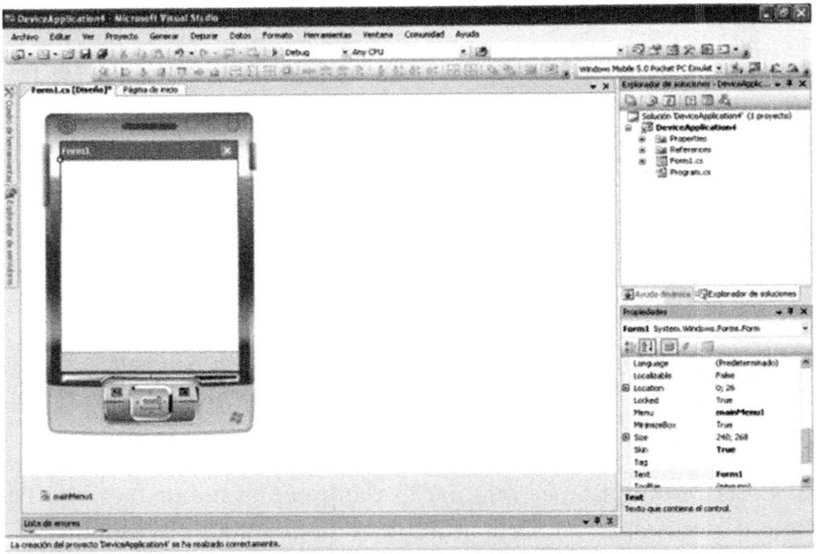

Figura 36. Dissenyador de WinForms per a dispositius mòbils.

Formularis WinForms

La interacció amb els formularis és diferent en funció de si es tracta d'un dispositiu Pocket PC o un smartphone:

Pocket PC

El dispositiu Pocket PC permet interactuar amb les aplicacions mitjançant un llapis digital utilitzat a manera de ratolí, per la qual cosa l'entrada de dades es produeix mitjançant un teclat que es mostra a la pantalla o utilitzant un component de reconeixement de caràcters.

En la part superior de la finestra hi ha una barra d'estat amb el títol de la finestra i una sèrie d'icones de notificació, en què s'indiquen paràmetres com el volum, l'hora o la quantitat de bateria disponible. A la dreta del tot, hi ha una icona que permet ocultar la finestra. Aquesta icona és configurable amb la propietat MinimizeBox del formulari, i pot ser 'x' o 'ok'. En el primer cas, en fer clic sobre el botó, la finestra es minimitza però l'aplicació es continua executant en segon pla. En el segon cas es tanca la finestra i finalitza l'execució de l'aplicació.

Smartphone

Els dispositius smartphone normalment no disposen de pantalla tàctil, per la qual cosa la interacció amb l'usuari es fa mitjançant els botons del telèfon. En la part superior de la finestra apareix també una barra d'informació amb el títol de la finestra i algunes icones que indiquen per exemple l'estat de la bateria i la cobertura. No obstant això, aquesta barra d'informació no té icona per tancar la finestra, aquesta es pot tancar en prémer la tecla d'inici o la tecla de cancel·lar, encara que solament es minimitza perquè es continua executant en segon pla. Per tancar l'aplicació és necessari afegir una opció addicional al programa, per exemple una opció de menú.

Quadres de diàleg

Els quadres de diàleg també són formularis, encara que s'utilitzen puntualment per mostrar un missatge a l'usuari o demanar-li que seleccioni o introdueixi una determinada dada. Dins del *namespace* de WinForms hi ha alguns quadres de diàleg predefinits que permeten fer tasques comunes.

CommonDialog	És una classe base a partir de la qual es poden crear altres quadres de diàleg.

FileDialog	Mostra un quadre de diàleg en el qual l'usuari pot seleccionar un arxiu. És una classe abstracta que serveix de base per a les classes *OpenFileDialog* i *SaveFileDialog*.
OpenFileDialog	Mostra un quadre de diàleg en què l'usuari pot seleccionar un arxiu per obrir.
SaveFileDialog	Mostra un quadre de diàleg en què l'usuari pot seleccionar un arxiu per gravar.
MessageBox	Mostra un missatge a l'usuari i permet seleccionar una acció a realitzar.

El quadre de diàleg MessageBox en Pocket PC té l'aspecte que es mostra en la figura següent. Les icones mostrades corresponen als valors de l'enumeració MessageBoxIcon en ordre (Asterisk, Exclamation, Hand, None i Question):

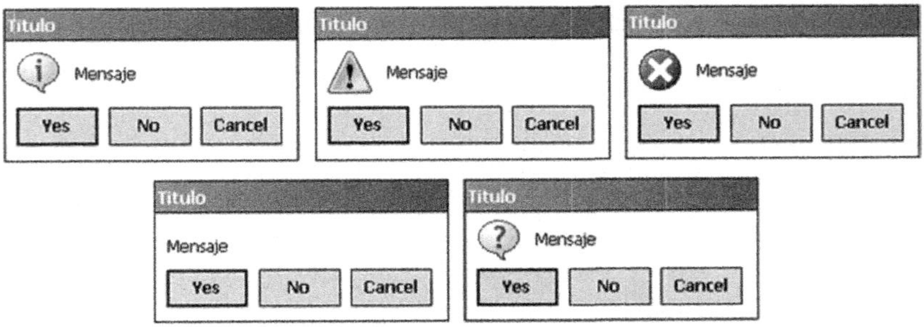

Figura 37. Quadres de diàleg MessageBox en PocketPC.

Controls del .NET CF

La creació d'una aplicació WinForms per a dispositius mòbils es realitza de la mateixa manera que en WinForms normal, però amb un nombre de controls disponibles inferior. A més, molts dels controls només estan disponibles per a Pocket PC, ja que els smartphones, com que no tenen pantalla tàctil, tenen un nombre de controls reduït.

En la taula següent mostrem els controls principals i en quins tipus de dispositius estan disponibles:

Control	*Pocket PC*	*Smartphone*
Button	Disponible	No disponible
CheckBox	Disponible	Disponible
ComboBox	Disponible	Disponible
ContextMenu	Disponible	No disponible
DataGrid	Disponible	Disponible
DateTimePicker	Disponible	Disponible
HScrollBar	Disponible	Disponible
Label	Disponible	Disponible
ListBox	Disponible	No disponible
ListView	Disponible	Disponible
MainMenu	Disponible	Disponible
Panel	Disponible	Disponible
PictureBox	Disponible	Disponible
ProgressBar	Disponible	Disponible
RadioButton	Disponible	No disponible
StatusBar	Disponible	No disponible
TabControl	Disponible	No disponible
TextBox	Disponible	Disponible
Timer	Disponible	Disponible
ToolBar	Disponible	No disponible
TreeView	Disponible	Disponible
VScrollBar	Disponible	Disponible

En dissenyar una aplicació per a Windows Mobile és important tenir en compte una sèrie de normes, que estan descrites en el programa de Microsoft "Designed for Windows Mobile". A continuació esmentem algunes d'aquestes normes:

- No es poden utilitzar fonts de lletra de mida fixa.
- S'ha de disposar d'un únic nivell de menús (sense submenús).
- Si l'aplicació està dissenyada per ser utilitzada amb l'Stylus (el "llapis" de la PDA) els botons han de ser de 21 x 21 píxels. En canvi, si s'han de prémer amb el dit, la mida ha de ser de 38 x 38 píxels.
- S'ha de revisar que tot es vegi bé, independentment de la il·luminació.
- S'han de col·locar els elements que s'hagin de prémer a la part baixa de la pantalla. D'aquesta manera, la mà de l'usuari no taparà la pantalla.
- S'ha de reduir al màxim les dades que l'usuari hagi d'escriure mitjançant el teclat virtual (anomenat SIP, de l'anglès Software Input Panel).
- No es poden emplenar les llistes amb un nombre molt elevat d'elements.
- Totes les aplicacions han de registrar una icona de 16 x 16 píxels, i una altra de 32 x 32 píxels.
- La barra de navegació ha de mostrar sempre el nom de l'aplicació i cap altra dada més.
- Tota aplicació ha de disposar d'un instal·lador que s'encarregui de crear un accés directe a l'executable. A més, ha de disposar d'un desinstal·lador que ho deixi tot tal com estava inicialment.

Desplegament d'aplicacions

En executar una aplicació, Visual Studio la copia automàticament al dispositiu[33] o a l'emulador. Si aquest no té instal·lada una versió compatible del .NET CF, Visual Studio la instal·la automàticament.

L'altra possibilitat és fer una instal·lació manual, que consisteix a copiar els assembladors de l'aplicació en una carpeta del dispositiu.

Si volem distribuir l'aplicació, és necessari oferir un programa d'instal·lació. Per a això, crearem un projecte de tipus "Other project types / Setup and deployment / CAB Project", que acabarà generant un arxiu CAB que instal·larà l'aplicació de manera molt senzilla.

3. Aplicacions web per a dispositius mòbils

El desenvolupament d'aplicacions web per a dispositius mòbils és més complex que per a web normals per diversos motius:

- Hi ha diferents llenguatges suportats per uns o altres dispositius, per exemple HTML, WML o cHTML.[34]
- Els dispositius poden tenir pantalles molt variades: mides diferents, nombres de files i columnes de text diferents, orientació horitzontal o vertical, pantalles en color o en blanc i negre, etc.
- Les velocitats de connexió poden ser molt diferents entre dispositius: GPRS (40 kbps), EDGE (473 kbps) o HSDPA (14 Mbps).

33. Si podem, és més recomanable treballar amb un dispositiu real que no amb l'emulador.
34. cHTML (Compact HTML) és un subconjunt de HTML utilitzat en els telèfons mòbils DoCoMo del Japó.

Per solucionar aquestes diferències, Visual Studio 2005 oferia[35] suport al desenvolupament d'aplicacions ASP.NET específiques per a dispositius mòbils, mitjançant els controls ASP.NET mobile. Quan un dispositiu es connecta a una pàgina ASP.NET mobile, el servidor recupera informació sobre el maquinari del dispositiu, el seu navegador i la velocitat de connexió. Basant-se en aquesta informació, els controls ASP.NET mobile produeixen una o altra sortida en funció del llenguatge de marcatge utilitzat, les capacitats del navegador, les propietats de la pantalla i la velocitat de connexió.

D'aquesta manera, en Visual Studio 2005, per crear una aplicació amb pàgines ASP.NET per a mòbils, cal crear 'Lloc Web ASP.NET' i afegir-hi formularis Web Forms. Una vegada fet això, es pot comprovar com la pàgina ASP.NET hereta de MobilePage, i la paleta de controls mostra únicament els controls disponibles per a mòbils.

Recentment, els dispositius mòbils han evolucionat enormement, fins al punt que avui dia hi ha diversos models que permeten navegar sense problemes per pàgines HTML "normals". En conseqüència, i a causa del gran esforç[36] que comporta el desenvolupament dels controls ASP.NET Mobile, sembla probable pensar que Microsoft acabi descontinuant aquesta línia de treball i se centri en les pàgines ASP.NET "normals", que ben aviat seran accessibles per a la majoria de dispositius mòbils del mercat.

D'altra banda, val la pena comentar que Silverlight ja està disponible per a Symbian S60 i ben aviat estarà disponible per a Windows Mobile.

35. Visual Studio 2008 actualment no ofereix cap suport específic al desenvolupament d'aplicacions ASP.NET per a mòbils.

36. És necessari assegurar la compatibilitat amb infinitat de mòbils diferents, la qual cosa fa el desenvolupament molt tediós.

Capítol IX

Windows Communication Foundation (WCF)

1. Introducció

Actualment hi ha múltiples tecnologies de desenvolupament de components distribuïts, que utilitzen diferents protocols de comunicació. Fins i tot Microsoft té diferents tecnologies de desenvolupament distribuït, com ara els serveis web, .NET remoting, Enterprise Services (COM+), Web Service Enhancements (WSE) o Message Queuing (MSMQ). El propòsit de Windows Communication Foundation (WCF) és proporcionar una interfície de desenvolupament que unifiqui aquestes tecnologies i que permeti interoperar amb altres tecnologies de desenvolupament d'aplicacions distribuïdes de tercers.

WCF es pot configurar per utilitzar el protocol SOAP i comunicar-se com un servei web, encara que és possible configurar WCF per utilitzar altres formats de missatge diferents.

D'altra banda WCF proporciona les funcionalitats d'Enterprise Services, com la gestió del cicle de vida dels objectes o les transaccions distribuïdes i les funcionalitats de cues de missatges de Message Queuing.

Finalment, WCF implementa les tecnologies de serveis web definides per les especificacions W-*, com WSAddressing, W-Policy, W-Security o W-Coordination. Aquestes especificacions defineixen una sèrie de protocols que doten l'arquitectura de serveis web de funcionalitats addicionals com adreçament, coordinació, seguretat o transaccions distribuïdes. En la pàgina web seguent es pot consultar una llista dels protocols W-* i informació addicional sobre cadascun:

http://msdn.microsoft.com/en-us/library/ms951274.aspx

A part d'unificar les diferents tecnologies de desenvolupament distribuït, WCF és compatible amb aquestes tecnologies, és a dir que les aplicacions que utilitzen MSMQ, Enterprise Services o serveis web són compatibles amb WCF.

2. Elements de WCF

A continuació estudiarem els principals elements de WCF.

Missatges

Un missatge és un conjunt d'informació que s'envia des d'un origen fins a una destinació determinada. WCF es basa en el concepte de comunicació basada en missatges, on qualsevol comunicació s'efectua a través de missatges.

Un missatge SOAP està format bàsicament per una capçalera (*header*) i un cos de missatge (*body*). Dins d'aquestes parts del missatge s'incorpora el contingut del missatge.

Programes WCF

Es distingeixen bàsicament dos tipus de programes: clients i servidors. Els clients són aplicacions que inicien la comunicació i els serveis són aplicacions que esperen comunicacions dels clients i responen a aquesta comunicació. No obstant això, una mateixa aplicació pot actuar alhora com a client i servei de WCF.

Els clients i serveis de WCF intercanvien missatges SOAP seguint una sèrie de patrons. Existeixen bàsicament tres patrons:

Simplex (o one-way)

En un patró *one-way* la comunicació es produeix del client al servei, i no hi ha una resposta per part del servei:

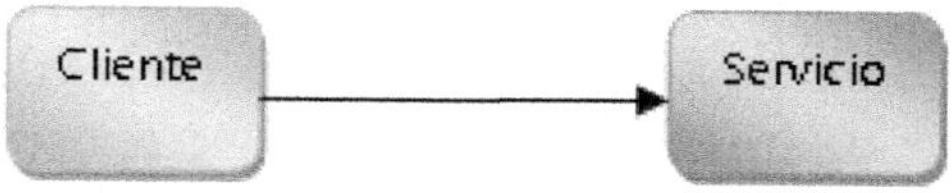

Figura 38. Patró de comunicació *one-way.*

Enviament-resposta (Request-reply)

Aquest patró és anàleg a l'anterior, però en aquest cas el servei sí que retorna una resposta al client:

Figura 39. Patró de comunicació *request-reply.*

Duplex

Finalment, el patró dúplex permet comunicacions en tots dos sentits, tant client-servidor com servidor-client. Les comunicacions, a més, poden ser tant *one-way* com *request-reply*:

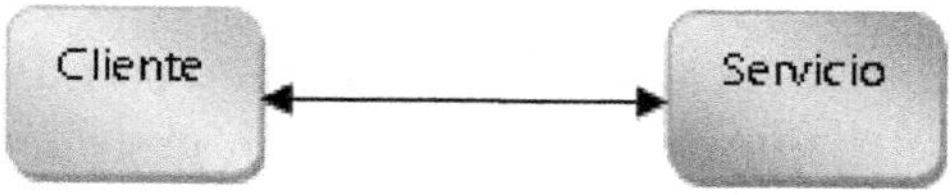

Figura 40. Patró de comunicació *duplex.*

Canals *(channels)*

Un canal (*channel*) és el mitjà pel qual s'envien els missatges entre client i servei. L'encarregat de crear el canal en una comunicació sempre és el client, indicant l'adreça del servei amb el qual es vol comunicar i el tipus de canal que es vol crear. A continuació el servei rep la petició d'obertura de canal i accepta o rebutja aquesta petició. Una vegada creat el canal és possible enviar missatges a través d'ell utilitzant qualsevol dels patrons que hem vist anteriorment.

En realitat, un canal està format per un conjunt d'elements de canal que fan una determinada funció sobre el missatge enviat. Aquests elements s'organitzen l'un darrere l'altre en forma de seqüència, formant el que es coneix com a *channel stack* o pila de canals (concepte similar a la pila de protocols TCP).

A la base de la pila de canals trobem el tipus de transport utilitzat pel canal. WCF suporta els tipus de transport següent: HTTP, TCP, MSMQ i named pipes.[37] La resta d'elements de la pila afegeixen funcionalitats al canal, com tipus de codificació (*encoding*), seguretat (autenticació, xifratge, etc.) o interoperabilitat amb altres tecnologies.

Endpoints

Els serveis estan formats per un conjunt d'un o més *endpoints* (extrems de connexió). Cada *endpoint* té associada una adreça (*address*) en la qual el servei roman a l'escolta de peticions, un *binding* (enllaç) que defineix com es comunica el servei amb l'exterior i un contracte que defineix les operacions que ofereix el servei. A continuació veurem aquests elements amb més detall.

Adreces *(addresses)*

L'adreça d'un servei n'indica la localització, on s'envien els missatges. L'adreça s'especifica mitjançant un URI (Uniform Resource Identifier), que és únic per a cada servei i que permet determinar el tipus de transport utilitzat pel servei i la seva ubicació. Els següents són exemples d'adreces vàlides:

37. *Named pipes* és un mecanisme de comunicació entre processos locals dins d'una mateixa màquina.

```
http://myserver.com/myservice1 https://ahost.net/
securedservice net.tcp://localhost/TCPService
```

Binding (enllaços)

Un *binding* defineix com es comunica un *endpoint* amb l'exterior. Cada *endpoint* ha de tenir un *binding* associat. La informació proporcionada per un *binding* conté, entre altres coses, el tipus de transport (per exemple TCP o HTTP), el tipus de codificació o *encoding* (per exemple text o binari), el tipus de seguretat o els patrons de missatges permesos. WCF incorpora diversos *bindings* predefinits però configurables, que cobreixen la majoria de necessitats. També és possible construir *bindings* personalitzats. En la taula següent es mostren els *bindings* predefinits de WCF i les seves característiques principals:

Contractes

Els contractes s'utilitzen per definir els diferents elements que formen part d'un servei. Hi ha cinc tipus de contractes:

Contractes de servei

Un contracte d'aquest tipus s'utilitza per definir les diferents operacions que proporciona un servei, i altres detalls del servei que veurem més endavant. Els contractes de servei s'implementen mitjançant una interfície amb l'atribut *ServiceContract*:

```
[ServiceContract]
interface ServicioWCF
{
  // Operacions del servei
}
```

Contractes d'operació

Dins d'un contracte de servei es defineixen les funcionalitats que aquest ofereix utilitzant definicions de mètodes amb l'atribut *OperationContract*:

```
[OperationContract]
void Operacion1(string parametro1);

[OperationContract]
int Operacion2();
```

Els mètodes poden tenir o no tipus de tornada i paràmetres. Atès que el contracte de servei és una interfície, només s'hi inclou la capçalera del mètode, no la seva implementació.

Contractes de dades

Els tipus dels paràmetres d'una operació de servei i el seu tipus de tornada han de ser tipus serialitzables. WCF utilitza un serialitzador específic que serialitza tipus de dades que estan definides mitjançant un contracte de dades.

La majoria de tipus comuns de .NET són serialitzables d'entrada. Per als tipus personalitzats és necessari crear un contracte de dades utilitzant els atributs *DataContract* i *DataMember*. Aquests atributs es troben dins del *namespace System.Runtime.Serialization* (és necessari afegir una referència a l'assemblador *System.Runtime. Serialization.dll*):

```
[DataContract]
public class Datos
{
  [DataMember]
  public int campo1;

  [DataMember]
  private string campo2;
}
```

L'atribut *DataContract* es pot aplicar a classes o estructures. D'altra banda, *DataMember* es pot aplicar a mètodes, camps i esdeveniments no estàtics. Els membres que no estiguin marcats amb aquest atribut no se serialitzen, però l'accessibilitat dels membres és ignorada pel serialitzador, és a dir que un membre no públic marcat amb l'atribut *DataMember* se serialitza de totes maneres.

Més informació sobre contractes de dades en l'adreça web següent:

http://msdn2.microsoft.com/en-us/library/ms733127.aspx

Contractes de missatge

Els contractes de missatge defineixen amb més precisió l'esquema dels missatges SOAP. Aquests contractes es defineixen mitjançant els atributs *MessageContract, MessageHeader* i *MessageBodyMember.*

L'atribut *MessageContract* s'aplica sobre una classe que defineix l'estructura del missatge. Els membres d'aquesta classe marcats amb *MessageHeader* s'inclouen dins de la capçalera del missatge, mentre que els marcats amb *MessageBodyMember* s'inclouen en el cos d'aquest:

```
[MessageContract]
public class MensajeSOAPPersonalizado
{
   [MessageHeader]
   public string cabeceraMensaje;

   [MessageBodyMember]
   public string cuerpoMensaje;
}
```

Més informació sobre contractes de missatge en l'adreça web següent:

http://msdn2.microsoft.com/en-us/library/ms730255.aspx

Contractes de fallada

Els contractes de fallada especifiquen els possibles errors que es poden produir durant l'execució d'una operació del servei:

```
[OperationContract]
[FaultContract(typeof(ClaseError))] void
Operacion3();
```

El tipus *ClaseError* no ha de ser necessàriament una subclasse d'Exception, encara que generalment ho és. L'error es genera en el servei llançant una excepció de tipus *FaultException*:

```
throw new<FaultException ClaseError>(new ClaseError());
```

***Behaviors* (comportament)**

Un *behavior*, com el seu nom indica, defineix alguns aspectes del comportament del servei en temps d'execució. Existeixen diferents tipus de *behavior* segons el seu abast:

comuns	afecten tots els *endpoints* del servei
de servei	només afecten aspectes relacionats amb el servei
d'*endpoint*	només afecten les propietats d'un *endpoint*
d'operació	afecten únicament les operacions del servei

La llista següent mostra els *behaviors* més significatius que es poden configurar en un servei:

Behavior	Descripció
Throttling (regulació)	Determina el nombre *de threads,* instàncies del servei i missatges que pot processar concurrentment en un moment donat.
Seguretat	Determina les característiques de seguretat del servei.
Instanciació	Determina el nombre d'instàncies que es poden crear del servei. Els valors possibles són: PerCall: es crea una nova instància per a cada petició de client. PerSession: es crea una instància per a cada sessió de client i es manté mentre existeixi aquesta sessió. Single: es crea una única instància que s'utilitza per satisfer totes les peticions.
Gestió d'errors	Permet determinar com es gestionaran els errors que es trobin i si s'han de retornar a l'aplicació client o no.
Concurrència	Controla el nombre de *threads* actius permesos en un moment determinat. Els valors possibles són: Múltiple: cada instància del servei pot tenir múltiples *threads* concurrents. Single: només hi pot haver un *thread* processant missatges. Reentrant: cada instància del servei pot processar només un missatge alhora, però pot acceptar crides reentrants.
Transaccions	Determina si el servei pot acceptar i executar una transacció iniciada pel client.

3. Creació d'un servei WCF

Visual Studio incorpora plantilles específiques per al desenvolupament de serveis WCF, però també és possible crear serveis utilitzant altres tipus de projecte no específics, per exemple un projecte de consola de comandos.

La funcionalitat principal de WCF es troba dins de l'ensamblat *System.ServiceModel.dll* la referència del qual és necessari importar en el projecte abans de començar (els projectes específics de WCF ja importen aquest ensamblat per defecte), a part d'afegir la corresponent instrucció *using*.

Una vegada preparat el projecte, el primer pas en la creació d'un servei consisteix a definir-ne el contracte. Com ja hem comentat anteriorment, els contractes de servei s'especifiquen mitjançant una interfície amb l'atribut *ServiceContract*:

```
[ServiceContract(Namespace="http://MyFirstService")]
interface IServicio
{

}
```

El paràmetre *Namespace* de l'atribut *ServiceContract* permet especificar l'espai de noms utilitzat pel servei. Altres paràmetres d'aquest atribut són:

Name	El nom del servei
ConfigurationName	S'utilitza per identificar el servei dins del fitxer de configuració utilitzat.
SessionMode	Indica el tipus de gestió de sessió utilitzat pel servei. Hi ha tres valors possibles (*SessionMode* és una enumeració): *SessionMode.Allowed* *SessionMode.NotAllowed* *SessionMode.Required*

ProtectionLevel Defineix el nivell de protecció utilitzat pel servei. Hi ha tres valors possibles (*ProtectionLevel* és una enumeració del *namespace System.Net.Security*):

```
ProtectionLevel.EncryptAnd
Sign ProtectionLevel.None
ProtectionLevel.Sign
```

Dins del cos de la interfície afegim les definicions de les operacions del servei, utilitzant l'atribut OperationContract:

```
[OperationContract]
public int Metodo1(string s);
```

Si no especifiquem cap paràmetre de l'atribut *OperationContract*, els mètodes són de petició-resposta (*request-reply*). Podem definir també mètodes d'una sola direcció (*one-way*), utilitzant el paràmetre *IsOneWay*:

```
[OperationContractAttribute(IsOneWay=true)]
public void Method2(string s);
```

Per descomptat els mètodes *one-way* no han de retornar cap valor ni tenir paràmetres de sortida o per referència, ja que no es produeix cap missatge de resposta que pugui retornar aquest valor a qui va fer la petició.

L'atribut *OperationContract* té altres paràmetres com *AsyncPattern,* que indica si l'operació es pot invocar de manera asíncrona, o *ProtectionLevel,* que indica el nivell de protecció de l'operació.

A part dels mètodes *one-way* i els mètodes *request-reply*, podem definir també mètodes dúplex. En realitat els mètodes dúplex són mètodes que el servidor pot invocar en el client per sol·licitar informació. Per crear un mètode dúplex, en primer lloc definim una interfície addicional, anomenada interfície de *callback*, que defineixi les operacions que el servidor pot invocar en el client:

```
interface IDuplexCallback
{
   [OperationContract (IsOneWay=true)]
   void CallbackMethod1(string s);

   [OperationContract]
   string CallbackMethod2(int i);
}
```

Com es pot comprovar els mètodes dúplex poden ser tant *one-way* com *request-reply*, encara que en aquest cas és el servidor el que invoca les operacions en el client.

Una vegada definida, hem d'indicar en el contracte del servei que es va a utilitzar aquesta interfície com a interfície de *callback*. Això s'aconsegueix mitjançant el paràmetre *CallbackContract* de l'atribut *ServiceContract*:

```
[ServiceContract (CallbackContract=typeof(IDuplexCallback),
Namespace="http://MyFirstService")]
interface IServicio
{
   // Operaciones del servicio
}
```

Per invocar mètodes del client des del servei, és possible recuperar la instància de *callback* mitjançant la instrucció següent:

```
var callback =
   OperationContext.Current
   .GetCallbackChannel<IDuplexCallback>();
```

La variable *callback* resultant de l'execució de la instrucció anterior és una instància de la interfície de *callback* que permet invocar les operacions dúplex en el client com si estigués en local, per exemple:

```
var s = callback.CallbackMethod2(4);
```

Si alguna de les operacions del contracte utilitza algun tipus de dades no serialitzable per defecte, serà necessari definir aquest tipus de dades utilitzant un contracte de dades mitjançant els atributs *DataContract* i *DataMember*, tal com hem vist anteriorment.

Una vegada definit el contracte del servei, creem una classe que implementi aquest contracte i a continuació compilem el projecte. El pas següent consistirà a implementar el servei perquè sigui accessible per als clients. Per a això utilitzarem algun dels mecanismes de *hosting* disponibles per a WCF.

4. *Hosting* de serveis

Els serveis WCF es poden implementar utilitzant diferents mecanismes de *host* en funció de les necessitats de l'aplicació. Bàsicament hi ha tres formes de *hosting* per a un servei WCF: self-hosting, Internet Information Services (IIS) o Windows Activation Service (WAS). A continuació veurem en què consisteix cadascun.

Self-hosting

El primer tipus d'implementació de serveis WCF consisteix a executar el servei dins d'una aplicació o procés del sistema, com per exemple una aplicació de consola o una aplicació de Windows. Per a això s'utilitza la classe ServiceHost, que permet configurar i executar el servei:

```
ServiceHost host = new ServiceHost(typeof(Servei), uris);
```

El segon paràmetre del constructor de la classe *ServiceHost* és un *array* de tipus *Uri* que conté les adreces base del servei. L'exemple següent crea dues instàncies de la classe *Uri* que representen dues possibles adreces base per al servei. Les adreces s'extreuen del fitxer de configuració de l'aplicació mitjançant la propietat *appSettings* de la classe *ConfigurationManager*, que es troba dins del *namespace System.Configuration* (és necessari afegir la referència a l'assemblador corresponent en el projecte). Aquesta propietat retorna una taula de *hash* amb els parells <clau, valor> emmagatzemats en la secció *appSettings* de l'arxiu de configuració:

```
string httpBaseAddress =
  ConfigurationManager.AppSettings["httpBaseAddress"];
string tcpBaseAddress =
  ConfigurationManager.AppSettings["tcpBaseAddress"];

Uri[] uris = new Uri[] { new Uri (httpBaseAddress), new Uri
                         (tcpBaseAddress) };
```

El fitxer de configuració per a una aplicació d'escriptori s'acostuma a cridar *App.config* (si no hi ha un fitxer de configuració en el projecte, n'hi podem afegir un de nou mitjançant l'opció 'Agregar->Nou element...' del menú contextual del projecte en l'explorador de solucions). A continuació es mostra un exemple del contingut del fitxer *App.config* amb les dues adreces base definides:

```
<?xml version="1.0" encoding="utf-8" ?>
<configuration>
  <appSettings>
    <add key="HTTPBaseAddress"
      value="http://localhost:8000/MiServicio/"/>
    <add key="TCPBaseAddress"
    value="net.tcp://localhost:8010/MiServicio/"/>
  </appSettings>
   </configuration>
```

La classe *ServiceHost* té diferents membres que permeten configurar i treballar amb el servei. Per exemple els mètodes *Open i Close* serveixen respectivament per iniciar o acabar l'execució del servei. Cal tenir en compte que el mètode *Open* no es bloqueja; per tant, abans de cridar el mètode *Close* és necessari executar alguna acció que mantingui el servei actiu mentre sigui necessari. En l'exemple següent s'utilitza el mètode *ReadLine* de la classe *Console* per finalitzar el servei quan es prem una tecla:

```
host.Open();

Console.WriteLine("Premi <RETURN> per finalitzar el servei");
Console.ReadLine();

host.Close();
```

Perquè el servei pugui atendre les peticions dels clients, és necessari a més crear un *endpoint* associat. Per a això s'utilitza el mètode *AddEndPoint* de la classe *ServiceHost*. Aquest mètode rep tres paràmetres: el tipus de la interfície que defineix el contracte del servei, el tipus de *binding* utilitzat pel servei i l'adreça en la qual escolta el servei. L'exemple següent crea un *endpoint* utilitzant un *BasicHttpBinding*, en l'adreça relativa "*Servei*":

```
BasicHttpBinding binding = new BasicHttpBinding ();

host.AddServiceEndpoint(typeof(IServicio), binding,
                        "Servei");
```

És important adonar-se que, així com en el constructor de la classe *ServiceHost* es passa el tipus de la classe que conté la implementació del servei (*Servei*), en crear un *endpoint* es passa el tipus de la interfície que conté el contracte del servei que es va a executar en aquest *endpoint* (*IServicio*). D'altra banda, l'adreça de l'*endpoint* que s'especifica en el tercer paràmetre és una adreça relativa a l'adreça base del servei. L'adreça completa d'un *endpoint* es calcula com l'adreça base del servei, més l'adreça relativa de l'*endpoint*. En el cas de l'exemple, l'adreça completa és la següent:

"*http://localhost:8000/MiServicio/Servicio*".

La configuració de l'*endpoint* es pot fer també en el fitxer de configuració de l'aplicació, de manera que és possible modificar els diferents paràmetres del servei fàcilment sense haver de recompilar el projecte. La configuració dels diferents *endpoint* d'un servei s'inclou dins de la secció *<system.ServiceModel>* de l'arxiu de configuració de l'aplicació:

```
<system.serviceModel>
  <services>
    <service name="MiServicio.Servicio">
      <endpoint
      contract="MiServicio.IServicio"
      binding="basicHttpBinding"
      address="Servicio" />
    </service>
  </services>
  </system.serviceModel>
```

Dins de la secció *<system.ServiceModel>* es pot incloure també informació de configuració de *bindings* i *behaviours*.

L'estructura completa de la secció *<system.ServiceModel>* és la següent:

```
<system.serviceModel>
  <bindings> </bindings>
  <services> </services>
  <behaviors> </behaviors>
  </system.serviceModel>
```

Per exemple, la secció *bindings* següent crea una configuració amb el nom *HttpSeguro* del *binding basicHttpBinding*, especificant que s'utilitzi seguretat de transport:

```
<system.serviceModel>
  <services>
    <service name="MiServicio.Servicio">
      <endpoint contract="MiServicio.IServicio"
        binding="basicHttpBinding"
        bindingConfiguration="HttpSeguro"
        address="Servicio" />
    </service>
  </services>
  <bindings>
     <basicHttpBinding>
     <binding name ="HttpSeguro">
       <security mode ="Transport"></security>
       </binding>
    </basicHttpBinding>
  </bindings>
</system.serviceModel>
```

Com es pot veure, per utilitzar aquesta configuració, s'afegeix a la definició de l'*endpoint* el paràmetre *bindingConfiguration="HttpSeguro"* (el tipus de *binding* continua sent *basicHttpBinding*).

De manera similar als *endpoints* i *bindings*, també és possible definir els *behaviors* d'un servei per programa o mitjançant el fitxer de configuració de l'aplicació. L'opció per programa consisteix a utilitzar els atributs *ServiceBehavior* i *OperationBehavior* en la implementació del servei. Aquests atributs tenen diferents propietats que permeten configurar els diferents aspectes del comportament del servei que hem vist anteriorment. L'exemple següent mostra com configurar algunes característiques del servei, com el tipus de concurrència, el tipus d'instanciació o el nivell de transaccionalitat (la classe *IsolationLevel* pertany al *namespace System.Transactions*):

```
[ServiceBehavior( ConcurrencyMode=ConcurrencyMode.Multiple,
  InstanceContextMode=InstanceContextMode.PerCall,

TransactionIsolationLevel=IsolationLevel.Serializable
)]
public class Servicio : IServicio
{
  [OperationBehavior(TransactionScopeRequired=true)]
  public void Operacion1(string parametro1)
  {
  }
}
```

També és possible agregar *behaviors* a un servei mitjançant la instància de la classe *ServiceHost* que executa el servei:

```
ServiceThrottlingBehavior bt =
  new ServiceThrottling Behavior();
bt.MaxConcurrentCalls = 16;
bt.MaxConcurrentInstances = 8;
bt.MaxConcurrentSessions = 16;
host.Description.Behaviors.Add(bt);
```

La classe *ServiceThrottlingBehavior* utilitzada en l'exemple pertany al *namespace System.ServiceModel.Description,* que conté gran part de les classes que representen *behaviors.*

Mitjançant el fitxer de configuració podem afegir la secció *<behaviors>*, que al seu torn permet afegir les seccions *<serviceBehaviors>* i *<endpointBehaviors>*. Dins de cadascuna d'aquestes dues seccions s'afegeixen les configuracions de *behaviors* associats a serveis o a *endpoints* respectivament:

```
<behaviors>
  <serviceBehaviors>
    <behavior name="ServicioBehavior" >
      <serviceMetadata httpGetEnabled="true" />
      <serviceThrottling maxConcurrentCalls="4"/>
              <serviceCredentials>
              <userNameAuthentication
              userNamePasswordValidationMode="Windows"/>
              </serviceCredentials>
    </behavior>
    </serviceBehaviors>
    <endpointBehaviors>
    <behavior name="EndpointBehavior">
      <clientCredentials supportInteractive="True">
      <windows allowNtlm="True"/>
      </clientCredentials>
    </behavior>
  </endpointBehaviors>
</behaviors>
```

Per enllaçar un *behavior* amb el corresponent servei o *endpoint* utilitzem la propietat *behaviorConfiguration*:

```
<services>
    <service name="MiServicio.Servicio"
      behaviorConfiguration="ServicioBehavior">
    <endpoint contract="MiServicio.IServicio"
        binding="basicHttpBinding"
      behaviorConfiguration="EndpointBehavior"
        address="Servicio" />
  </service>
</services>
```

El *behavior serviceMetadata* utilitzat en l'exemple anterior permet que el servei pugui emetre metadades. Si executem el servei i obrim en el navegador l'adreça d'aquest, apareixerà una pàgina web semblant a la dels serveis web, en la qual es donen instruccions per crear un client:

Si fem clic en l'enllaç de la part superior, apareixerà la descripció WSDL del servei.

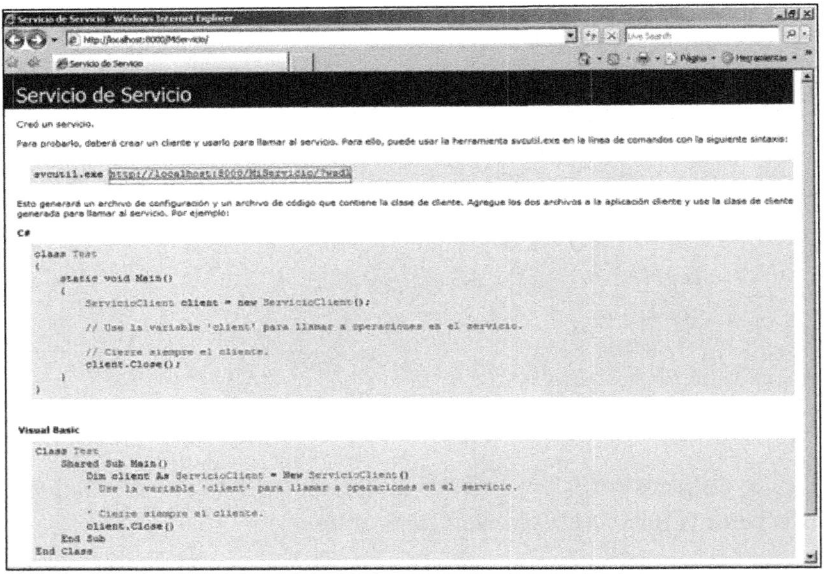

Figura 41. Pàgina d'informació del servei.

Els serveis WCF self-hosted també es poden implementar sobre un servei de Windows en comptes d'una aplicació de consola o de Windows. Per a això creem un projecte de tipus 'Servei de Windows', en el qual es crea una classe que hereta de *ServiceBase* i que implementa els mètodes *OnStart* i *OnStop*, que s'executen respectivament en iniciar i finalitzar el servei. En aquests mètodes haurem d'iniciar i finalitzar el servei WCF mitjançant la classe *ServiceHost*:

```
public partial class Service1 : ServiceBase
{
  public Service1()
  {
    InitializeComponent();
  }
  private ServiceHost host;

  protected override void OnStart(string[] args)
  {
    host = new ServiceHost(typeof(ServicioWCF));
    host.Open();
  }

  protected override void OnStop()
  {
    host.Close();
  }
}
```

Internet Information Services

Els serveis WCF es poden implementar utilitzant IIS igual que els serveis web. D'aquesta manera es beneficien d'avantatges com l'activació automàtica, la gestió del cicle de vida del servei, l'actualització automàtica de canvis de configuració, etc.

Visual Studio incorpora un tipus de projecte específic per crear serveis WCF allotjats en IIS, anomenat WCF Service Application, que podem trobar en la finestra de creació de projectes dins de la categoria "Web". Aquest tipus de projecte genera automàticament diversos fitxers, entre els quals trobem els següents:

IService1.cs	Fitxer destinat a contenir la definició del contracte del servei. Visual Studio incorpora alguns exemples de com definir operacions en el contracte i contractes de dades.
Web.config	Fitxer de configuració que conté a part de les seccions de configuració de l'aplicació web (anàlogues a les dels serveis web), la secció *<system.serviceModel>* per canviar la configuració del servei.
Service1.svc	Conté la informació necessària perquè IIS trobi la classe que conté el servei, concretament conté la informació següent:

```
<%@ ServiceHost Language="C#" Debug="true"
Service="WCFService1.Service1"
CodeBehind="Service1.svc.cs" %>
```

Service1.svc.cs	Fitxer que conté la implementació del servei.

Una vegada implementat el servei el podem compilar i executar de manera anàloga als serveis web.

Windows Activation Service (WAS)

Els serveis WCF que s'executen a través d'IIS estan d'alguna manera forçats a utilitzar el protocol de comunicació HTTP. Windows Activation Service és un nou mecanisme d'activació de processos en la versió 7.0 d'IIS (inclosa en Windows Server 2008), que permet activar serveis WCF utilitzant altres protocols, com per exemple TCP.

Per utilitzar el protocol TCP en un servei WCF, instal·lem el servei en IIS de manera anàloga a quan s'utilitza HTTP (vegeu el subapartat anterior), però modificant el fitxer *web.config* per configurar l'*endpoint* per tal que utilitzi *NetTcpBinding*. A continuació entrem en l'aplicació d'administració d'IIS i seleccionem l'aplicació web en la qual volem activar el protocol TCP:

Després de seleccionar l'aplicació web, triem l'opció "Configuració avançada..." en la llista d'accions de la part dreta. A continuació apareix una finestra amb les característiques de l'aplicació web.

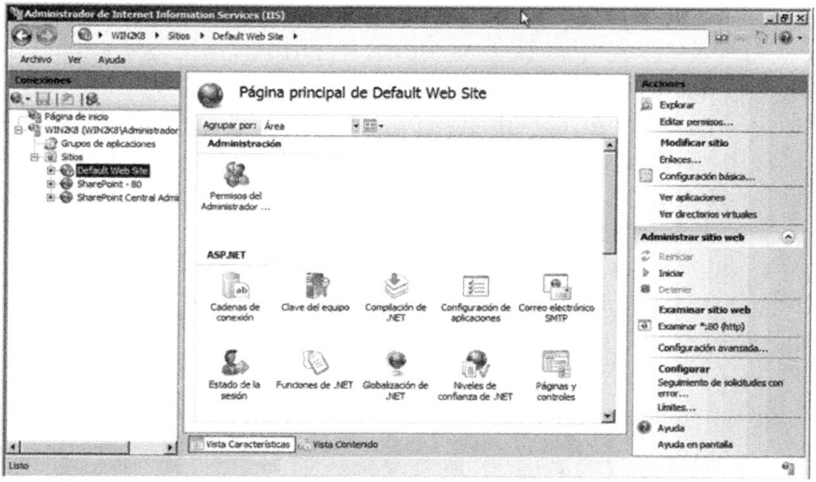

Figura 42. Eina d'administració d'IIS 7.0.

En la fila corresponent a protocols habilitats, hi afegim "net.tcp" a la llista separant mitjançant una coma els diferents protocols especificats:

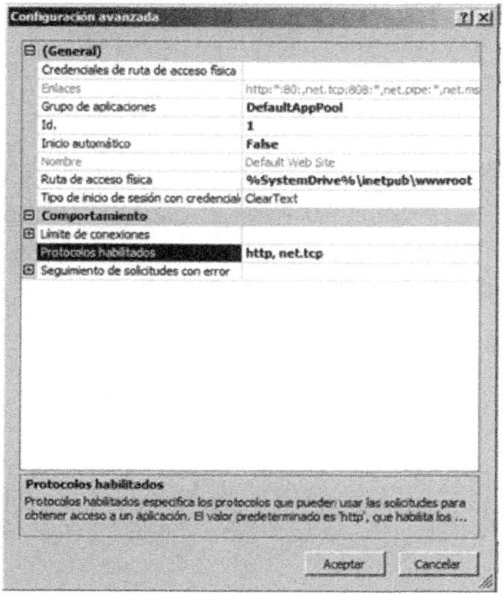

Figura 43. Finestra de característiques de l'aplicació web.

Una vegada habilitat el protocol TCP en l'aplicació web, és necessari habilitar-lo també en el directori virtual corresponent al servei. Per a això expandim el contingut de l'aplicació web, seleccionem el directori virtual i de nou l'opció "Configuració avançada..." de la llista d'accions. Apareixerà una finestra similar a la de la figura anterior, en la qual de nou haurem d'incloure "net.tcp" a la llista de protocols habilitats.

També és possible configurar el servei de manera similar per utilitzar MSMQ o *namedpipes*. En les adreces següents es pot trobar més informació sobre aquest tema:

http://msdn2.microsoft.com/en-us/library/ms752246.aspx

http://msdn2.microsoft.com/en-us/library/ms752253.aspx

5. Creació de clients WCF

La utilització de serveis WCF en aplicacions es fa d'una manera molt similar a la utilització de serveis web: es crea un *proxy* en el client i s'utilitza aquest *proxy* per invocar els mètodes del servei com si es trobés en local.

Per agregar un *proxy* per a un servei WCF, s'utilitza l'opció "Add service reference" del menú contextual del projecte en l'explorador de solucions. En la finestra que hi apareix podem indicar directament l'uri del servei i fer clic en "Go" (el servei ha d'estar en execució perquè es pugui detectar). També és possible buscar serveis en la mateixa solució en què es troba el projecte actual mitjançant el botó "Discover", encara que per això és necessari que hi hagi un fitxer .svc que descrigui el servei (no vàlid per a serveis *self-hosted*). Una vegada detectat el servei (o els serveis) apareix la informació corresponent en la part central de la finestra:

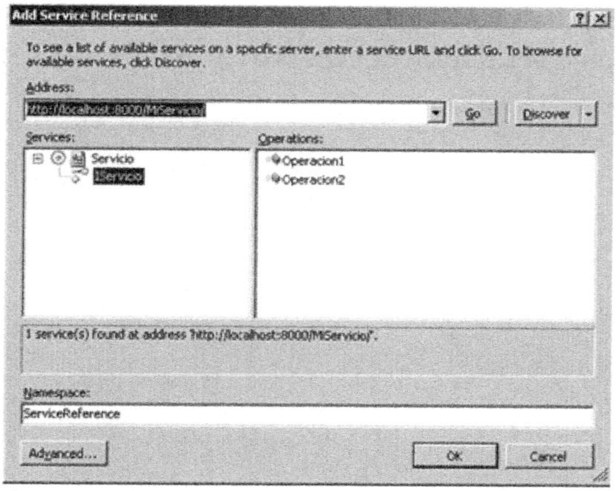

Figura 44. Finestra per afegir referència al servei.

En la part inferior de la finestra podem modificar el nom que s'utilitzarà per crear el *proxy*. També podem canviar alguns paràmetres avançats fent clic en "Advanced", com per exemple seleccionar si es crearan mètodes asíncrons per invocar les operacions del servei:

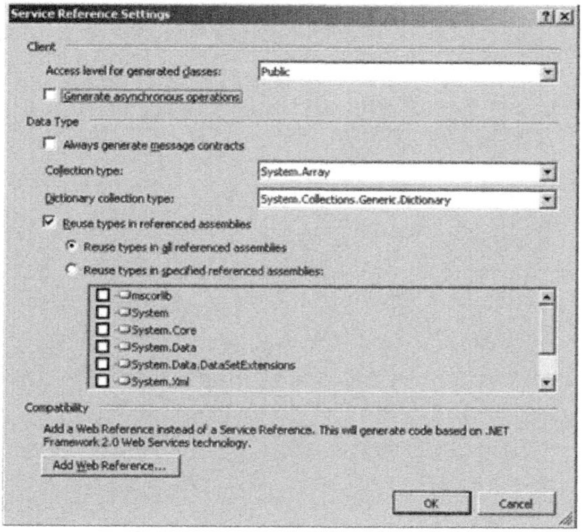

Figura 45. Opcions avançades de la referència al servei.

Una vegada generat el *proxy*, es pot crear una instància de la classe corresponent i utilitzar aquesta instància per invocar els mètodes del servei com si es trobés en local:

```
ServiceReference.ServicioClient s =
  new ServiceReference.ServicioClient();

s.Operacion1("parametro");
```

Bibliografia

Gañán, David (2008). *Material del Màster de .NET de la UOC.*

Northrup, T.; Wildermuth, S. (2008). *Microsoft.NET Framework Application Development Foundation* (2a. ed.). Microsoft Press.

Johnson, G.; Northrup, T. (2006). *Microsoft .NET Framework 2.0 Web-Based Client Development.* Microsoft Press.

Gibbs, M.; Wahlin, D. (2007). *Professional ASP.NET 2.0 AJAX.* Wiley Publishing. Inc.

Stoecker, M. A.; Stein, S. J.; Northrup, T. (2006). *Microsoft .NET Framework 2.0 Windows-Based Client Development.* Microsoft Press.

Stoecker, Matthew A. (2008). *Microsoft .NET Framework 3.5 Windows Presentation Foundation.* Microsoft Press.

Johnson, B.; Madziak, P.; Morgan, S. (2008). *NET Framework 3.5 Windows Communication Foundation.* Microsoft Press.

Wigley, A.; Moth, D.; Foot, P. (2007). *Microsoft Mobile Development Handbook.* Microsoft Press.

Scott Klein. *Professional WCF Programming.* Wrox

Web Services Developer Center
http://msdn.microsoft.com/webservices/

W3C Schools Tutorials:
Web Services: *http://www.w3schools.com/webservices/default.asp*
SOAP: *http://www.w3schools.com/soap/default.asp*
WDSL: *http://www.w3schools.com/wsdl/default.asp*

Windows Communication Foundation on MSDN Library
http://msdn2.microsoft.com/en-us/library/ms735119.aspx

Printed in Dunstable, United Kingdom

91218271R00099